D1667897

Alexander Goldwein

FERIENIMMOBILIEN IN SPANIEN

Erwerben, Selbstnutzen &Vermieten

M&E Books Verlag

FERIENIMMOBILIEN IN SPANIEN
Erwerben, Selbstnutzen & Vermieten
Alexander Goldwein
ISBN 978-3-947201-21-1 (Taschenbuch)
ISBN 978-3-947201-22-8 (Gebundene Ausgabe)
1. Auflage 2017
© 2017 by M&E Books Verlag GmbH, Köln

M&E Books Verlag GmbH
Thywissenstraße 2
51065 Köln
Telefon 0221 – 9865 6223
Telefax 0221 – 5609 0953
www.me-books.de
info@me-books.de
Steuer-Nr: 218/5725/1344
USt.-IdNr.: DE310782725
Geschäftsführer: Vu Dinh
Cover Image by artur84 at FreeDigitalPhotos.net

Die Deutsche Nationalbibliothek verzeichnet diese Publikation in der Deutschen Nationalbibliographie. Detaillierte bibliographische Daten sind im Internet über http://dnb.de abrufbar.

VORWORT

Viele Menschen träumen von einer eigenen Ferienimmobilie in Spanien. Dieser Ratgeber zeigt Ihnen, worauf es beim Erwerb und bei der Finanzierung ankommt und wie Sie Fehler vermeiden.

Ich bin gelernter Jurist und habe in drei Staaten in drei Sprachen studiert. Ich bin selbst Eigentümer von Ferienimmobilien in Deutschland, Spanien und Florida und habe mich fast 20 Jahre lang professionell mit Wohnimmobilien befasst. Vor diesem Hintergrund weiß ich genau, welche Informationen der Erwerber einer Ferienimmobilie in Spanien benötigt. In diesem Ratgeber werde ich Sie zielgenau mit dem praxisrelevanten Wissen versorgen und Sie in den Stand versetzen, Ihre Entscheidung auf einer soliden Informationsgrundlage aufzubauen. Das Buch deckt folgende Themenfelder ab:

- Kriterien für die Auswahl der Ferienimmobilie
- Ermittlung des angemessenen Kaufpreises
- Rechtssicherer Erwerb in Spanien
- Eliminierung typischer Fehlerquellen
- Eigennutzung und Vermietung der Ferienimmobilie
- Ferienimmobilie in Spanien als Kapitalanlage
- Steuerrechtliche Fragen bei Erwerb und Vermietung
- VISA-Anforderungen für langfristige Niederlassung

Sie erhalten umfangreiche Informationen und Checklisten für die Prüfung einer Ferienimmobilie auf Herz und Nieren. Schließlich werde ich die Grundlagen der Immobilienfinanzierung erklären und mit konkreten Berechnungen zeigen, welche Anschaffungskosten Sie mit Ihrem monatlichen Nettoeinkommen insgesamt stemmen können und wie Sie die Zinsbelastung einer Darlehensfinanzierung mit einem möglichst hohen anfänglichen Tilgungssatz und mit Sondertilgungen effizient senken können.

Ein grundlegendes Verständnis der entscheidenden Aspekte eines Ferienimmobilienkaufes und der Finanzierung ist auch deshalb unverzichtbar, weil die am Markt tätigen Akteure Eigeninteressen verfolgen, die in der Regel nicht deckungsgleich mit Ihren Interessen als Ferienimmobilienkäufer sind. Es ist daher Vorsicht geboten bei einer „Beratung" durch einen Immobilienmakler. Nur eine solide Informationsgrundlage wird Sie in den Stand versetzen, sich gegen Manipulationen und Einflüsterungen selbsternannter Berater zu immunisieren.

Wenn Sie dieses Buch sorgfältig gelesen haben, werden Sie in der Lage sein, den Kauf Ihrer Ferienimmobilie in Spanien gut zu organisieren und Schritt für Schritt zum Erfolg zu führen.

Alexander Goldwein

INHALTSVERZEICHNIS

A. EINFÜHRUNG

Viele Menschen träumen von einer eigenen Ferienimmobilie in Spanien. Spanien gehört zu den beliebtesten Urlaubsländern für Deutsche. Dabei stehen nicht nur Immobilien auf dem Festland im Fokus, sondern auch auf den Inseln (Balearen, Kanaren). Die Europäische Union und die damit verbundene Reisefreiheit und Niederlassungsfreiheit für Unionsbürger eröffnet Spielräume wie nie zuvor.

Die Motive für einen Ferienimmobilienkauf sind vielschichtig. Allen voran möchten Menschen auch im Urlaub in den eigenen vier Wänden leben und damit das gute Gefühl genießen, am Ferienwohnsitz wirklich zu Hause zu sein und nicht nur Gast in einem Hotel.

Genauso häufig wird angegeben, dass man in Sachwerte investieren möchte. Da ist man natürlich schnell beim Thema Immobilien. Insbesondere vor dem Hintergrund, dass die Immobilienpreise in Deutschland seit 2007/2008 in einem ungesunden und bedenklichen Maß gestiegen sind, liegt die Überlegung nahe, den Kauf einer Ferienimmobilie in Spanien in Erwägung zu ziehen. Dabei können Käufer derzeit sogar von der Krise und den gefallen Preisen in Spanien profitieren.

Ob die Ferienimmobilie als Kapitalanlage sich wirklich rechnet, ist eine komplexe Fragestellung. Dabei sind der Einkaufspreis, die Vermietbarkeit und die erzielbare Miete und schließlich steuerrechtliche Aspekte zu untersuchen. Das gilt gleichermaßen für Ferienimmobilien in Deutschland wie in Spanien.

Beim Kauf einer Ferienimmobilie in Spanien ist besondere Vorsicht geboten. Viele Käufer machen den Fehler, dass sie unterstellen, dass in Spanien die Rechtslage mehr oder weniger genauso wie in Deutschland sein muss. Das ist natürlich falsch. Jeder Staat macht sein eigenes Recht. Es ist z.B. so, dass in Spanien auch ein privatschriftlicher Kaufvertrag über eine Immobilie wirksam und bindend ist. Wer glaubt, dass er sich in Spanien erst bei der notariellen Beurkundung beim Notar bindet (so die Rechtslage in Deutschland), der macht einen schweren Fehler.

Es geht aber nicht nur um Unterschiede bei der Gesetzeslage. Es gibt auch erhebliche Unterschiede beim Vollzug der Gesetze und bei der Rechtstreue von Behörden und Beamten. Sie können in Spanien nicht davon ausgehen, dass flächendeckend und ausnahmslos alles so praktiziert wird, wie es in den Gesetzen geschrieben steht. Fakt ist, dass es bereits seit Jahrzehnten ein Vollzugsdefizit im Hinblick auf die geltenden Gesetze gibt. Das gilt für das öffentliche Baurecht und das Steuerrecht ganz besonders. Schwarzbauten ohne wirksame Baugenehmigung sind in Spanien in Küstennähe keine seltenen Ausnahmeerscheinungen. Ich würde Ihnen dringend davon abraten, einen Schwarzbau zu kaufen. Sie kaufen damit lebenslängliche Unsicherheit ein. Denn ein Vollzugsdefizit in der Vergangenheit bedeutet nicht, dass die Gesetze auch in Zukunft nicht vollzogen werden. Darauf haben Sie keinen Anspruch. Sie müssen vielmehr damit rechnen, dass sich irgendwann der Wind drehen kann und die Daumenschrauben angezogen werden. Die Information über bestehende Vollzugsdefizite im Hinblick auf geltende Gesetze ist aber wichtig für Sie. Denn so sind Sie gewarnt und wissen, dass mit Schwarzbauten zu rechnen ist. Folglich wissen Sie, dass Sie gerade in Spanien die Baugenehmigung penibel überprüfen lassen müssen, um auf der sicheren Seite zu sein.

Vollzugsdefizite gibt es im europäischen Ausland auch im Hinblick auf Steuergesetze. Steuerrechtliche Themen werden in vielen Staaten deutlich laxer gehandhabt als in Deutschland. Das führt zu Marktgepflogenheiten, die von vielen Käufern und Verkäufern von Immobilien praktiziert werden, die aber bei Lichte betrachtet nicht rechtskonform sind. Auf die Details komme ich weiter unten ausführlich zu sprechen.

Diese vom Gesetz abweichende praktische Handhabung mag man aus Sicht eines Deutschen kritisieren und schlecht finden. Es wäre jedoch naiv, zu glauben, dass Sie die Praxis und die Marktgepflogenheiten in Spanien über Nacht ändern können. Das heißt, dass Sie mit Unsicherheiten und Unwägbarkeiten konfrontiert werden, die Ihnen vor dem Hintergrund Ihres Lebens in Deutschland fremd und unglaublich erscheinen mögen. Ich will damit nicht sagen, dass Sie jeden vom Verkäufer vorgeschlagenen Rechtsverstoß mitmachen und sich ebenfalls nicht um Recht und Gesetz scheren sollten. Davon würde ich Ihnen ganz entschieden abraten. Ich möchte Sie vielmehr dafür sensibilisieren, dass Sie mit einer Marktpraxis konfrontiert sein können, die von der reinen Lehre in den Gesetzen abweicht.

Sie müssen im Einzelfall für sich entscheiden, wie Sie damit umgehen wollen und welche Risiken Sie akzeptieren können und welche nicht. Allein die Kenntnis der Unsicherheiten und Abweichungen der Praxis von Gesetzen ist für Sie eine wichtige Information, um einen möglichst sicheren Weg beschreiten zu können, der Sie ruhig schlafen lässt und die Freude an der Ferienimmobilie nicht trübt.

Damit der Traum von einer Ferienimmobilie in Spanien nicht zum Albtraum für Sie wird, werde ich Sie in diesem Ratgeber an die grundlegenden Fragen heranführen und Ihnen einen Weg aufzeigen, wie Sie teure und schmerzliche Fehler vermeiden können. So steigern Sie Ihre Chancen ganz erheblich, dass die Ferienimmobilie für Sie zu einem erfreulichen Thema wird.

B. GRUNDLEGENDE FRAGEN

Bei der Entscheidung für den Kauf einer Ferienimmobilie stellen sich grundlegende Fragen:

- Soll die Immobilie nur für die Eigennutzung im Urlaub angeschafft werden?
- Soll die Immobilie auch vermietet werden?
- Ist die Immobilie mittelfristig oder langfristig als Hauptwohnsitz vorgesehen?
- Soll die Immobilie ausschließlich zu Wohnzwecken oder auch für gewerbliche Zwecke genutzt werden?
- Soll die Immobilie eine Rendite abwerfen oder geht es ausschließlich ums Vergnügen?

Von den Antworten auf diese grundlegenden Fragen hängt ab, ob sich eine Ferienimmobilie für Sie überhaupt lohnt und wenn ja, welche Standorte und auch welche Länder in Frage kommen. Wenn Sie zum Beispiel beabsichtigen, auszuwandern und die Immobilie auch für eine selbständige berufliche Tätigkeit nutzen wollen, dann sind natürlich andere Anforderungen zu stellen. Insbesondere müssen Sie sich die Frage stellen, ob Sie in dem Wunschland überhaupt einen langfristigen Aufenthaltstitel und eine Gewerbeerlaubnis erlangen können und welche Anforderungen dafür zu erfüllen sind. Wenn Sie z.B. als Deutscher in die USA auswandern, ist natürlich mit anderen aufenthaltsrechtlichen und ausländerrechtlichen

Anforderungen zu rechnen als wenn Sie innerhalb der Europäischen Union (z.B. nach Spanien) auswandern. In der Europäischen Union profitieren Sie als Unionsbürger von der Freizügigkeit und Niederlassungsfreiheit. Die rechtlichen Hürden für eine Auswanderung sind insofern relativ gering. Sie müssen jedoch bedenken, dass auch sprachliche und kulturelle Hürden zu nehmen sind. Sie müssen sich daher auch mit der Frage konfrontieren, ob Spanien in dieser Hinsicht zu Ihren Wünschen und Anforderungen passt. Wenn die Ferienimmobilie mittelfristig Ihr Hauptwohnsitz werden soll (z.B. weil Sie kurz dem Renteneintritt stehen und auswandern wollen), dann sind natürlich andere Anforderungen zu stellen als wenn Sie eine reine Urlaubsimmobilie suchen, die Sie nur einige Wochen im Jahr selbst nutzen.

Wenn die Motivation ausschließlich darin besteht, eine gute Kapitalanlage zu tätigen, dann sind natürlich ganz andere Entscheidungskriterien gefragt als bei einer ausschließlichen Eigennutzung. Dann stellen sich vorrangig Fragen nach der Vermietbarkeit, nach der erzielbaren Rendite sowie nach steuerrechtlichen Rahmenbedingungen für die Vereinnahmung von Gewinnen und für den Ansatz von laufenden Kosten zur Reduzierung der Steuerlast. Insbesondere bei Ferienimmobilien in Spanien wirft der grenzüberschreitende Charakter einer solchen Kapitalanlage Fragen auf, die in Doppelbesteuerungsabkommen zwischen Deutschland und Spanien behandelt werden.

Dieser Ratgeber wird Ihnen helfen, zu all diesen Themen die richtigen Fragen zu stellen und überzeugende Antworten zu finden.

I. STANDORTWAHL & STANDORTANALYSE

Bevor Sie sich für eine bestimmte Region und eine ganz bestimmte Immobilie entscheiden, müssen Sie Klarheit über die oben aufgeworfenen Fragen gewinnen, insbesondere wozu Sie die Immobilie anschaffen wollen. Wenn Sie diese Frage für sich beantwortet haben, können Sie beginnen, gezielt nach einer geeigneten Immobilie Ausschau zu halten. Einige grundlegende Strategien haben sich dabei bewährt, um einen Standort zu finden und zu analysieren:

Kaufen Sie niemals eine Immobilie in einer Stadt oder einer Region, die Sie noch gar nicht kennen. Das geht in den allermeisten Fällen schief. Eigentlich ist es unverzichtbar, in einem Ort zunächst mindestens einmal (besser mehrmals) einen längeren Urlaub zu verbringen, bevor man dort eine Immobilie kauft. Mit anderen Worten: Bevor Sie kaufen, sollten Sie erst mal mieten, um die Umgebung richtig kennen zu lernen. Denn die Atmosphäre und die Vorteile und Nachteile eines Standortes lernen Sie erst dann wirklich kennen, wenn Sie sich vor Ort einige Zeit aufgehalten haben. Das ist sehr gut investierte Zeit und kann Sie vor teuren Fehlgriffen bewahren.

Wenn Sie noch in der Orientierungsphase sind und noch nicht genau wissen, in welcher Region Sie Ihre Ferienimmobilie erwerben möchten, dann können Sie sich einen Überblick verschaffen indem Sie z.B. die Region zuvor mit einem Wohnmobil besuchen und sich gezielt mögliche Standorte anschauen. Nehmen wir ein Bespiel: Sie interessieren sich für eine Ferienimmobilie an der spanischen Mittelmeerküste, sind aber noch unsicher, welcher Küstenabschnitt als Standort für Sie passen könnte. Investieren Sie einfach drei Wochen Urlaub und fahren Sie mit einem Wohnmobil an der Küste entlang und verschaffen Sie sich einen Eindruck von der Landschaft, von der Atmosphäre und vom Immobilienangebot. Nach einer solchen Erkundungsreise werden Sie in jedem Fall besser einschätzen können, ob die Region wirklich für Sie in Frage kommt. Ich bin selbst einige Wochen in Spanien mit dem Wohnmobil herumgefahren bevor ich dort ein Ferienhaus gekauft habe. Das war außerordentlich aufschlussreich. Danach wusste ich, welche Region zu meinen Wünschen und Bedürfnissen am besten passt. Bei einer solchen Reise können Sie auch problemlos Immobilien besichtigen und Kontakt zu Maklern vor Ort aufnehmen. Sie werden auf jeden Fall aussagekräftige Eindrücke und einen Überblick bekommen. Viel Besichtigungserfahrung schärft auch den Blick für die entscheidenden Kriterien.

Machen Sie aber bitte nicht den Fehler, sich während einer solchen Orientierungsreise spontan zur Unterzeichnung eines Kaufvertrages hinreißen zu lassen. Programmieren Sie sich ganz bewusst darauf, dass die Reise nur der Orientierung dient und nicht dem Abschluss eines Kaufvertrages. Setzen Sie sich unter keinen Umständen selbst unter Zeitdruck und lassen Sie sich von niemandem unter Zeitdruck setzen. Zeitdruck ist die häufigste Fehlerquelle für teure Fehlgriffe beim Ferienimmobilienkauf. Das ist ein Umstand, der weltweit Gültigkeit hat. Sie müssen insbesondere darauf vorbereitet sein, dass Immobilienmakler versuchen werden, Sie zu einem schnellen Kaufvertragsabschluss zu überreden und damit „argumentieren", dass diese einmalige Gelegenheit so schnell nicht wieder kommt und bereits diverse andere Interessenten Schlange stehen, um unterschreiben zu dürfen. Sie dürfen sich durch solche Manipulationsversuche nicht aus der Ruhe bringen lassen und müssen unbeirrt weiter Ihre eigenen Entscheidungskriterien anlegen.

Zu einer Standortanalyse gehören natürlich auch Vorüberlegungen. Dabei spielen verschiedene Aspekte eine Rolle: Das Klima, die Landschaft, die Mentalität der Menschen, Visa-Anforderungen für Ausländer, Sicherheitslage und vieles mehr. Ich persönlich bevorzuge Regionen, in denen es auch im Winter angenehm warm ist. Wenn Sie für Ihre Lebensplanung eine „Zweistaatenlösung" zugrunde legen, dann kann es für Sie ausreichend sein, dass das Klima die Hälfte des Jahres ok ist. Ich denke dabei z.B. an Andalusien. Im Winter hat Andalusien ein relativ mildes Klima. Im Sommer hingegen wird es sehr heiß. Temperaturen über 40 Grad sind keine Seltenheit. Wenn Sie Deutschland nur in den Herbst- und Wintermonaten verlassen wollen, wäre die Sommerhitze in Andalusien für Sie für Sie daher kein Problem. Für einen ganzjährigen Aufenthalt hingegen wäre es aus klimatischen Gründen nicht so attraktiv. Wie Sie sehen, kommt es bei der Auswahl des Standortes Ihrer Ferienimmobilie sehr auf Ihre ganz persönlichen Ziele und Wünsche an.

Die Sprache ist auch ein wichtiges Kriterium. Es ist natürlich schön, wenn Sie Spanisch sprechen. Das erleichtert vieles und wird einen positiven Beitrag dazu leisten, dass Sie sich wirklich zu Hause fühlen in Ihrer Ferienimmobilie. Es erleichtert bereits die Phase der Suche einer Immobilie und der Organisation des Erwerbsvorgangs ungemein. Wenn Sie die spanische Sprache nicht beherrschen, sind Sie völlig abhängig von Beratern und Übersetzern. Das birgt eine größere Gefahr, dass Sie übervorteilt werden und keine guten Konditionen aushandeln können. Das ist ein nicht zu unterschätzender Aspekt. Andererseits ist es nicht erforderlich, die spanische Sprache perfekt zu beherrschen.

Eine Ferienimmobilie kann ja für Sie auch den positiven Nebeneffekt haben, dass Sie Ihre Grundkenntnisse in der Landessprache perfektionieren und ausbauen. Ein regelmäßiger Aufenthalt in einer fremdsprachigen Umgebung in den eigenen vier Wänden kann einen beachtlichen Motivationsschub geben, eine Sprache noch besser zu lernen. Last but not least spielen Visa-Anforderungen eine Rolle. Wenn Sie z.B. als Deutscher eine Ferienimmobilie in Spanien kaufen, dann werden Sie keine Probleme bekommen, weil Sie als Unionsbürger von der Freizügigkeit und Niederlassungsfreiheit in der EU profitieren.

II. SUCHPROFIL & FESTLEGUNG DES IMMOBILIENTYPS

Wenn Sie Klarheit darüber gewonnen haben, in welcher Region Sie eine Ferienimmobilie haben möchten, dann kommen weitere Fragen auf Sie zu: Soll es ein freistehendes Haus, eine Doppelhaushälfte oder eine Eigentumswohnung sein? Soll die Immobilie in einem touristischen Zentrum liegen oder eher in einem Viertel in dem auch Einheimische wohnen? Muss es unmittelbar an der Küste sein oder ist auch eine Immobilie im Landesinneren für Sie akzeptabel?

Die Entscheidung hängt natürlich auch von den verfügbaren Mitteln ab und davon, wie viel Geld Sie investieren möchten. Wenn Sie die Immobilie als Altersruhesitz kaufen und planen, die meiste Zeit des Jahres darin zu verbringen, dann werden Sie natürlich eher bereit sein, mehr Geld zu investieren als wenn es nur eine reine Ferienimmobilie für einige Wochen Urlaub im Jahr sein soll, weil Sie noch mitten im Berufsleben stehen. In diesem Fall werden Sie eher nach einer Eigentumswohnung suchen als nach einem freistehenden Haus mit großem Garten. Es kann für die Orientierung hilfreich sein, dass Sie sich zunächst einen Überblick über die aktuellen Immobilienpreise in der Zielregion verschaffen. In manchen Ländern sind Immobilienmärkte relativ transparent und Durchschnittspreise leicht in Erfahrung zu bringen. In

Deutschland sind z.B. die Bodenrichtwerttabellen und die Marktrichtwerttabellen des Gutachterausschusses sehr hilfreich. Sie liefern relativ zuverlässige Durchschnittspreise für bestimmte Regionen, Städte und sogar einzelne Stadtteile und Straßenzüge. Diese Zahlen werden zudem regelmäßig aktualisiert und aus tatsächlichen Immobilienverkäufen abgeleitet, die den Gutachterausschüssen von den Notaren gemeldet werden müssen.[1] Es handelt sich daher um sehr aussagekräftige Zahlen.

Die schlechte Nachricht ist, dass derart gutes Zahlenmaterial zu den Immobilienpreisen leider in vielen Staaten nicht zur Verfügung steht. In Spanien z.B. gibt es keine Bodenrichtwerte und keine Gutachterausschüsse. Dafür gibt es dort einen von den Hypothekenbanken ermittelten TINSA-Index, der angeblich die durchschnittliche Preisentwicklung in bestimmten Regionen abbilden soll.[2] Darüber hinaus veröffentlicht die spanische Zeitung „El Mundo" angebliche Durchschnittspreise für alle Provinzen.[3] Weiteres Zahlenmaterial wird von der Notarkammer in Spanien erhoben, welches sich insbesondere auf den Kauf von Immobilien durch Ausländer bezieht

---

[1] Ich verweise dazu auf die folgende Internetseite: http://www.gutachterausschuesse-online.de/

[2] Ich verweise dazu auf die detaillierten Ausführungen weiter unten im Abschnitt C. I. 1.

[3] Ich verweise dazu auf die detaillierten Ausführungen weiter unten im Abschnitt C. I. 2.

und dafür Durchschnittspreise ermittelt, die nach Provinzen aufgeschlüsselt sind und auch Entwicklungen über längere Zeiträume abbilden.[4]

Wie aussagekräftig diese Daten sind, ist schwer einzuschätzen. Es ist sicherlich nicht falsch, einen Blick auf solches Datenmaterial zu werfen. Sie müssen allerdings auch immer kritisch hinterfragen, wie diese Daten ermitteln wurden, um eine Vorstellung davon zu bekommen, wie belastbar diese sind. Wenn Sie nun Ihre verfügbaren finanziellen Mittel für den Immobilienkauf mit den ermittelten Durchschnittspreisen abgleichen, dann können Sie daraus schon überschlägig ableiten, wie viel Ferienimmobilie Sie sich in welcher Region leisten können. Dabei können Sie als Faustformel zugrunde legen, dass eine Bank bei der Finanzierung einer Ferienimmobilie in der Regel keinen allzu großen Darlehensanteil akzeptiert. Sie sollten daher einkalkulieren, dass Sie durchaus 50% Eigenkapital einbringen müssen. Das ist aber auch in Ihrem eigenen Interesse. Denn die mit einer Ferienimmobilie erzielbaren Einnahmen aus Vermietung bleiben erfahrungsgemäß häufig hinter den Erwartungen und Versprechungen von Immobilienmaklern zurück. Auch aus diesem Grund bestehen Banken in der Regel auf einem höheren Eigenkapitalanteil als bei einer eigengenutzten Immobilie in der Heimat, die als Hauptwohnsitz dient.

---

[4] Ich verweise dazu auf die detaillierten Ausführungen weiter unten im Abschnitt C. I. 2.

III. WELCHE BERATER BRAUCHEN SIE?

Fest steht, dass Sie einen Immobilienkauf in Spanien nicht ohne fachlich kompetente Beratung durchführen können. Das dürfte aber auch für einen Immobilienkauf in Deutschland empfehlenswert sein. Für einen Immobilienkauf in einer fremden Rechtsordnung gilt diese Empfehlung umso mehr. Nun stellt sich die Frage, welche Berater Sie brauchen. Dazu werde ich Ihnen in den folgenden Abschnitten Informationen geben.

1. Rechtsanwälte

Der Erwerb und die Finanzierung einer Ferienimmobilie sind komplexe Vorhaben. Sie müssen dabei viele rechtlich geprägte Themen abarbeiten und diverse Verträge abschließen. Zum Pflichtprogramm gehört z.B. die Prüfung der Baugenehmigung. Schließlich müssen Sie wissen, was im Kaufvertrag stehen sollte und wie der Abschluss und Vollzug eines Immobilienkaufes in Spanien abläuft. Darüber hinaus müssen Sie wissen, dass es Grundbücher deutscher Prägung nicht in allen Staaten gibt. Das bedeutet, dass Sie verstehen müssen, wie das spanische Pendant des Grundbuches („Registro de la Propiedad") aufgebaut ist und welche Bedeutung Eintragungen haben. All das können Sie ohne die Unterstützung eines Rechtsanwaltes („Abogado") kaum bewältigen.

Den Abschluss von Verträgen (Kaufvertrag, Darlehensvertrag, Beraterverträge) müssen Sie so organisieren, dass diese in der richtigen Reihenfolge und zur richtigen Zeit geschlossen werden. Nur so können Sie erreichen, dass Sie keine Fehler machen und nicht in Schadensersatzansprüche hineinlaufen, wenn der Vollzug eines Kaufvertrages scheitert.

Sie können natürlich versuchen, all diese Aufgaben selbst zu bewältigen und auf die Einholung von Rechtsrat verzichten, um Kosten zu sparen. Wenn Sie zufälligerweise Jurist und darüber hinaus der spanischen Sprache mächtig sind, ist das sicherlich eine durchaus vertretbare

Vorgehensweise. In allen anderen Fällen würde ich Ihnen davon jedoch dringend abraten. Wenn es später Probleme gibt, weil Sie etwas übersehen haben, dann wird Ihnen erfahrungsgemäß im Nachhinein eingeholter Rechtsrat nicht mehr helfen können, den Schaden abzuwenden, weil die Verträge bereits abgeschlossen worden sind. Bestenfalls können Sie dann noch Schadensbegrenzung erreichen.

Wichtig ist dabei, dass Sie einen Rechtsanwalt wählen, der etwas vom Immobilienrecht in Spanien versteht und darüber hinaus steuerrechtliche Aspekte berücksichtigt. Denn Immobilienkäufe haben auch viel mit steuerrechtlichen Fragestellungen zu tun. Wenig hilfreich sind Auskünfte von Rechtsanwälten, die besagen, dass es so oder so sein könnte und man nichts Genaues abschließend und verbindlich sagen kann. Solche Auskünfte sind leider keine Seltenheit bei Juristen. Sie brauchen aber eine echte Entscheidungshilfe und keine vage Beleuchtung von unzähligen Problemherden, die theoretisch denkbar sind, aber praktisch keine nennenswerte Relevanz haben. Moderne Rechtsanwälte arbeiten per Email und Telefon. Das ist effizient und zeitsparend.

Last but not least stellt sich für Sie die Frage, ob Sie einen deutschen Rechtsanwalt mit Zusatzqualifikationen im spanischen Recht einschalten oder einen spanischen Rechtsanwalt mit einer Spezialisierung auf das Immobilienrecht und zusätzlichen Kenntnissen des deutschen Steuerrechtes. Im Prinzip ist beides möglich. Ganz entscheidend ist jedoch, dass der Rechtsanwalt wirklich eine besondere Expertise und Erfahrung auf dem Gebiet der Ferienimmobilien hat und die grenzüberschreitende Dimension bei der Beratung berücksichtigt. Denn insbesondere die steuerrechtlichen Fragen haben stets eine grenzüberschreitende Dimension.[5]

Die Hoffnung, dass der beurkundende Notar Sie beim Abschluss des Kaufvertrages und bei der Prüfung der Immobilie unterstützt, ist leider trügerisch und nicht begründet. Auch der deutsche Notar berät die Kaufvertragsparteien nur in engen Grenzen und nimmt keine Prüfung vor, ob der Kaufpreis angemessen ist. Hinzu kommt, dass Notare im Ausland häufig andere Aufgaben wahrnehmen als der Notar in Deutschland. Der Notar in Spanien leistet beispielsweise deutlich weniger als der deutsche Notar. Die in Deutschland übliche treuhänderische Überwachung und Organisation des Vollzuges des Kaufvertrages (Zahlung des Kaufpreises Zug-um-Zug gegen Löschung von Grundschulden und Eintragung des Erwerbers im Grundbuch) leistet der spanische Notar leider nicht. Dafür wird in Spanien vom Käufer zusätzlich ein Rechtsanwalt eingeschaltet, die diese Aufgaben für den Käufer übernimmt, weil der spanische Notar nur die blanke Beurkundung leistet.

Hinzu kommt, dass der Notar in Spanien zur Neutralität verpflichtet ist und daher keine Interessenvertretung

---

[5] Ich verweise dazu auf die detaillierten Ausführungen weiter unten im Abschnitt C. V. 2.

und Rechtsberatung der Kaufvertragsparteien vorneh-
men kann. Denn naturgemäß sind die Interessen von
Käufer und Verkäufer nicht gleichgerichtet. Der Notar
kann und darf sich gar nicht auf eine Seite schlagen.
Schon gar nicht kann der Notar prüfen, ob die Immobilie
mangelfrei ist. Dafür müssen Sie als Käufer selbst sorgen
bzw. dafür Fachleute einschalten.

2. Steuerberater

Beim Kauf und Verkauf einer Ferienimmobilie stellen sich komplexe Fragen steuerrechtlicher Natur. Das beginnt schon beim Abschluss des Kaufvertrages und der Berechnung und Zahlung der Grunderwerbsteuer. Es ist jedoch wenig sinnvoll, separat einen Rechtsanwalt **und** einen Steuerberater zu engagieren. Besser dürfte es sein, eine Rechtsanwaltskanzlei auszuwählen, die auch Steuerberater an Bord hat. Im Idealfall ist der Berater sowohl Rechtsanwalt als auch Steuerberater in einer Person. So ist sichergestellt, dass steuerrechtliche Fragestellungen bereits bei der Gestaltung des Kaufvertrages berücksichtigt werden. Selbst beim Erwerb einer Immobilie für die ausschließliche Eigennutzung sind Sie in einigen Ländern mit steuerrechtlichen Themen belastet. In Spanien müssen Sie auch die Eigennutzung einer Ferienimmobilie versteuern und dafür jährlich eine Steuererklärung beim spanischen Finanzamt einreichen.

Last but not least stellt sich für Sie die Frage, ob Sie einen deutschen Steuerberater mit Zusatzqualifikationen im Recht des Wunschstaates einschalten oder einen ausländischen Steuerberater mit oder ohne deutsche Sprachkenntnisse. Im Prinzip ist beides möglich. Ganz entscheidend ist jedoch, dass der Steuerberater wirklich eine besondere Expertise und Erfahrungen auf dem Gebiet der Ferienimmobilien hat und grenzüberschreitend denkt. Denn die steuerrechtlichen Fragen bei Ferienimmobilien haben häufig eine grenzüberschreitende Dimension. Selbst wenn Sie in Deutschland wohnen und die Ferienimmobilie nur im Urlaub nutzen, sind Sie in dem Belegenheitsstaat zumindest beschränkt steuerpflichtig. Dabei stellen sich insbesondere Fragen der laufend fällig werdenden Grundsteuer, aber auch Fragen der Versteuerung von Mieteinnahmen und Veräußerungsgewinnen (jeweils mit einer grenzüberschreitenden Dimension). Sie werden daher nur Stückwerk und keine ganzheitliche Beratung aus einem Guss erhalten, wenn Sie einen Steuerberater einschalten, der nur die ausländische oder nur die deutsche Seite der steuerrechtlichen Fragen bedenkt. Beide Seiten müssen bedacht und berücksichtigt werden. Daran hapert es leider sehr häufig.

3. Der Bausachverständige

Da Verkäufe von Bestandsimmobilien sowohl in Deutschland als auch in Spanien nahezu ausnahmslos **ohne** Gewährleistung erfolgen, müssen Sie sich ein detailliertes und belastbares Bild von der Bausubstanz und von möglichen Mängeln machen. Damit ist kein umfangreiches Gutachten gemeint. Im Normalfall ist eine Auflistung von Bauschäden und Baumängeln mit einer überschlägigen Abschätzung der Kosten zur Beseitigung ausreichend. Wenn es Anhaltspunkte für gravierendere Mängel gibt, dann müssen Sie natürlich gründlicher prüfen lassen. Wenn Sie nicht zufällig von Beruf Architekt oder Bauingenieur sind, dann werden Sie eine solche Prüfung nicht ohne Hilfe von Fachleuten bewältigen können.

Insbesondere wenn der Verkäufer nicht in der Lage ist, aussagekräftige Unterlagen vorzulegen, die Aufschluss über die Bauausführung und die in der Vergangenheit erfolgten Sanierungsmaßnahmen geben, bleibt gar nichts anderes übrig als die Bausubstanz durch einen Fachmann prüfen zu lassen. Ein neutrales Bausubstanzgutachten gibt Sicherheit vor unangenehmen Überraschungen. Es schafft Klarheit über den Zustand der Immobilie, stellt den Instandsetzungs- und Modernisierungsbedarf fest und zeigt die Kosten auf, mit denen gerechnet werden muss. Es schützt Sie als Käufer davor, ein Gebäude zu erwerben, dessen Kaufpreis dem tatsächlichen Wert nicht entspricht, weil erhebliche Summen für die Sanierung aufgewendet werden müssen.

In diesem Zusammenhang kann es sinnvoll sein, eine Vermessung der Wohn- und Nutzflächen mit zu beauftragen, um die Flächenangaben des Verkäufers zu prüfen. Weil es nicht selten vorkommt, dass ein tatsächliches Flächenaufmaß Abweichungen von Planunterlagen und Angaben des Verkäufers zu Tage fördert, können sich daraus auch schlagkräftige Kaufpreisargumente ergeben. Es hat auch verhandlungstaktische Vorteile, hier eine dritte Person zuzuziehen, die nachweislich über die notwendige Expertise verfügt und eine gewisse Objektivität suggeriert.

4. Übersetzer & Dolmetscher

Wenn Sie die spanische Sprache nicht beherrschen, dann brauchen Sie in jedem Fall einen Übersetzer und Dolmetscher. Ohne eine solche Unterstützung sind Sie nicht in der Lage, Verhandlungen mit dem Verkäufer zu führen und den Inhalt von Verträgen zu verstehen.

Wenn Sie Grundkenntnisse der spanischen Sprache haben, ist das gut. Gleichwohl sollten Sie keinen falschen Ehrgeiz entwickeln und nicht auf die Unterstützung eines Übersetzers verzichten. Insbesondere bei Verträgen ist es wichtig, keine falschen Vorstellungen über den Inhalt zu haben und wirklich zu wissen was man unterschreibt. Wenn Sie z.B. einen spanischen Rechtsanwalt einschalten für den Kauf einer Ferienimmobilie in Spanien, dann sollten Sie auch dann eine Übersetzung sämtlicher Verträge bekommen, wenn Ihr Rechtsanwalt der deutschen Sprache mächtig ist und Ihnen eine Zusammenfassung des Inhaltes gibt. Eine Zusammenfassung ist gut. Aber eine vollständige Kenntnis des Vertragstextes ist besser. So wie Sie in Deutschland keine Immobilienkaufverträge unterschreiben sollten, die Sie nicht verstehen und nicht vollständig gelesen haben, so sollten Sie das auch in Spanien nicht tun. So abgedroschen es auch klingen mag. Dieser Rat ist eminent wichtig und Sie sollten ihn nicht in den Wind schlagen. Es kostet natürlich ein wenig Zeit und Mühe, die Verträge vollständig zu lesen und sich den Inhalt genau erklären zu lassen. Diese Zeit ist jedoch sehr gut investiert und kann Sie in der Zukunft vor schlaflosen Nächten und Ärger ohne Ende bewahren.

Abschließend gebe ich Ihnen den Rat, sich Berater **nicht** vom Verkäufer oder vom Immobilienmakler des Verkäufers empfehlen oder vermitteln zu lassen. Das gilt gleichermaßen für Rechtsanwälte, Steuerberater und Übersetzer und Dolmetscher. Denn bei vom Verkäufer empfohlenen Beratern besteht die Gefahr, dass diese im Lager des Verkäufers stehen und diesem gegenüber loyaler sind als Ihnen gegenüber. Denn die Berater möchten auch morgen noch vom Immobilienmakler des Verkäufers empfohlen werden. Mit Ihnen werden die Berater hingegen für den Rest ihres Lebens nichts mehr zu tun haben. Daher werden solche Berater eher die Neigung entwickeln, Ihre Interessen hinter die Interessen des Verkäufers oder des Immobilienmaklers zurückzustellen. Suchen Sie sich lieber selbst Berater und lassen Sie sich von diesen Referenzen geben und versuchen Sie, die fachliche Kompetenz des Beraters in Erfahrung zu bringen. Es macht einen Unterschied, ob ein Rechtsanwalt behauptet, dass er sich er sich mit Ferienimmobilien in Spanien auskennt oder ob er tatsächlich viele Jahre Erfahrung auf diesem Gebiet hat und das dann auch durch entsprechende Referenzen nachweisen kann.

5. Hausverwalter

Eine professionelle Hausverwaltung kann für die erfolgreiche Vermietung und Bewirtschaftung einer Ferienimmobilie in Spanien sehr hilfreich sein. Denn die Vermietung auf Tages- und Wochenbasis an Touristen ist natürlich deutlich aufwendiger als die langfristige Vermietung zu Wohnzwecken auf der Grundlage eines unbefristeten Mietvertrages. Wenn Sie die Ferienimmobilie ausschließlich zur Vermietung an Touristen erwerben wollen und nicht nur für eine gelegentliche Vermietung zur Senkung der Kosten der Eigennutzung, dann ist die Einschaltung einer professionellen Hausverwaltung alternativlos. Das gilt insbesondere bei Ferienimmobilien Spanien wenn Sie Ihren Hauptwohnsitz in Deutschland haben.

Für die touristische Vermietung solcher Immobilien benötigen Sie in jedem Fall einen Verwalter vor Ort, der die Einweisung der Touristen (Schlüsselübergabe, Protokollierung der Übergabe, Prüfung des Inventars etc.) sowie die Reinigung und die Bewachung vor Ort übernimmt bzw. organisiert. Insbesondere muss sichergestellt sein, dass geprüft wird, dass die Touristen nichts beschädigt haben. Auch für die Zeit von Leerstand muss regelmäßig nach dem Rechten geschaut werden.

Selbstverständlich ist ein solcher Service teurer als die „normale" Hausverwaltung einer langfristig vermieteten Eigentumswohnung, weil der Aufwand ungleich größer ist. Sie müssen daher einkalkulieren, dass die Bewirtschaftungskosten deutlich höher sind. Daher kann auch bei hoher Auslastung und hohen Übernachtungspreisen unter dem Strich eine geringere Rendite herauskommen als Sie erwarten. Denn die laufenden Kosten sind enorm.

Bevor Sie einen Vertrag mit einer Hausverwaltung schließen, sollten Sie sich gründlich informieren und mehrere Angebote einholen. Wichtig ist auch, Erfahrungswerte von anderen Eigentümern abzufragen, die bereits mit einer Hausverwaltung zusammenarbeiten. Da die Verwalterverträge in der Regel Festlaufzeiten von einem Jahr und mehr vorsehen, können Sie die Verwaltung nicht über Nacht austauschen. Es ist daher gut investierte Zeit, sich vor dem Abschluss eines Vertrages gründlich umzuhören und von den Bewerbern Referenzen zu verlangen.

IV. KLASSISCHE UND INNOVATIVE EINKAUFSQUELLEN

Beginnen wir mit einer Betrachtung, welche Quellen für den Ferienimmobilieneinkauf es gibt und welche Vor- und Nachteile diese haben. Die gute Nachricht vorweg: In Spanien hat der Immobilienmarkt derzeit umgekehrte Vorzeichen wie der Markt in Deutschland. Das heisst, dass es ein großes Angebot gibt und, dass Sie als Käufer eine starke Verhandlungsposition haben. Der Zeitpunkt für die Realisierung Ihres Traumes von der Ferienimmobilie in Spanien ist also in dieser Hinsicht optimal. Gleichwohl sollten Sie gründlich überlegen, wie Sie an die besten Angebote kommen. Es wäre z.B. nicht sinnvoll, während eines Urlaubes in das nächst gelegene Büro eines Immobilienmaklers zu laufen und sich lediglich einige Immobilien in der näheren Umgebung zeigen zu lassen. Sie müssen planvoll vorgehen und alle verfügbaren Quellen für Immobilienangebote systematisch abgrasen. Nur so werden Sie eine optimale Immobilie zum opitmalen Preis finden. Wie das geht, erfahren in den folgenden Abschnitten.

1. Internetportale

Als erstes denkt natürlich jeder an das Internet und die bekannten Immobilienportale. Allen voran der Marktführer Immobilienscout24.[6] Dann gibt es da noch das Portal Immowelt[7] und diverse kleinere Portale. Auf beiden Portalen finden Sie auch Ferienimmobilien in Spanien.[8] Darüber gibt es auch spanische Portale und zahllose Internetseiten von Immobilienmaklern in Spanien.[9]

Wenn Sie beginnen, auf diesen Portalen zu stöbern, werden Sie nach einiger Zeit feststellen, dass dort viele Ladenhüter eingestellt sind, die in den Trefferlisten immer wieder auftauchen. Wenn Sie diese Ladenhüter einmal gesichtet haben, ist es für Sie jedoch eher lästig, immer wieder auf diese zu stoßen. Daher empfehle ich Ihnen, ein Suchprofil bei diesen Portalen anzulegen und eine automatisierte Emailbenachrichtigung zu aktivieren,

---

[6] www.immobilienscout24.de

[7] www.immowelt.de

[8] Ich verweise dazu auf die folgende Internetseiten: https://www.immobilienscout24.de/auslandsimmobilien/europa/spanien.html und https://www.immowelt.de/ausland/spanien/immobilien

[9] Ich verweise dazu auf die folgende Internetseite: https://www.idealista.com/

wenn neue Angebote eingestellt werden. Das spart viel Zeit, weil Sie dann nicht mehr mit Adleraugen endlose Trefferlisten nach neuen Angeboten durchsuchen müssen. Außerdem ist so sichergestellt, dass Sie sofort nach Einstellung eines Angebotes auf dem Portal per Email auf dieses aufmerksam gemacht werden. Das ist ein nicht zu unterschätzender Vorteil. Denn bei sehr guten Angeboten werden potentielle Verkäufer von Immobilien relativ schnell mit Anfragen von Kaufinteressenten geradezu bombardiert. Das führt bei den Verkäufern dazu, dass diese nur den ersten Anfragen echte Aufmerksamkeit widmen und nach einiger Zeit die „Rollläden herunterlassen" und weitere Anfragen ignorieren.

2. Immobilienmakler

Beim Durchstöbern der Immobilienportale im Internet werden Sie relativ schnell auf Angebote von Immobilienmaklern stoßen. Möglicherweise werden Sie dabei auch den Eindruck gewinnen, dass Sie im Zielmarkt an Immobilienmaklern gar nicht vorbeikommen. Vor diesem Hintergrund möchte ich Sie auch über die rechtlichen Hintergründe und Zusammenhänge informieren, damit Sie wissen worauf es beim Kontakt mit Maklern ankommt.

Der Immobilienmakler hat dann Anspruch auf eine Maklerprovision, wenn der Kaufvertrag durch seinen Nachweis oder durch seine Vermittlung wirksam zustande kommt. Da ein Kaufvertrag über Immobilien in Deutschland der notariellen Beurkundung bedarf, kann der Provisionsanspruch des Maklers somit erst mit notarieller Beurkundung des Kaufvertrages entstehen. In Spanien hingegen sind auch privatschriftliche Immobilienkaufverträge wirksam und bindend. Daher kann der Anspruch auf des Maklers auf eine Provision in Spanien bereits vor einer notariellen Beurkundung entstehen. Das sollte auf jeden Fall im Maklervertrag ausgeschlossen werden.

Nicht selten drängen Makler darauf, den Provisionsanspruch in den notariellen Kaufvertrag aufzunehmen. Davon ist jedoch abzuraten, da das die Notargebühren erhöht und darüber hinaus spätere

Einwendungen gegen die Wirksamkeit des Provisionsanspruches abschneidet. Dafür besteht auch keine Notwendigkeit, weil der Provisionsanspruch des Maklers im Maklervertrag geregelt ist. Daher sollten Sie einen solchen Vorschlag des Maklers mit diesen Argumenten ablehnen.

Wenn Sie feststellen, dass Sie bei der Objektsuche nicht um einen Makler und damit eine Maklerprovision herumkommen, dann können Sie aus der Not eine Tugend machen und den Makler gezielt einschalten, um diesen mit der Suche nach einem bestimmten Objekt zu beauftragen. Der Vorteil dabei ist, dass Sie die Konditionen des Maklervertrages von Anfang an verhandeln und beeinflussen können und dem Makler darüber hinaus genaue Kriterien an die Hand geben können, damit dieser Ihnen gezielt die passenden Angebote anträgt. Eine solche Vorgehensweise kann auch dazu führen, dass der Makler Sie bei Eingang eines passenden Angebotes vorab kontaktiert und Sie somit früher als andere Immobilieninteressenten das Angebot prüfen können. Da Sie den Makler nur im Erfolgsfall bezahlen müssen (es sei denn, der Vertrag sieht etwas anderes vor), kostet Sie die Einschaltung von Maklern mit einem Suchauftrag auch so lange nichts, wie der Makler Ihnen kein geeignetes Objekt nachweist und Sie keinen Kaufvertrag abschließen.

Die große Kunst beim gelungenen Immobilienerwerb besteht auch in dem richtigen Timing, d.h. zur richtigen Zeit am richtigen Ort zu sein, um gezielt zugreifen zu können. Gute Angebote sprechen sich natürlich schnell herum und dann sind Sie nicht der einzige Interessent, so dass der Preis von mehreren Interessenten in die Höhe getrieben werden kann oder das Objekt bereits verkauft ist, wenn Sie erstmals davon erfahren. In diesem Zusammenhang kann es auch einen taktischen Vorteil bringen, einen Makler mit einem Vermittlungsauftrag einzuschalten, um den entscheidenden zeitlichen Vorsprung zu gewinnen.

Hierbei ist auch wichtig, dass Sie mit den richtigen Immobilienmaklern in Kontakt kommen. Ein schlecht verdrahteter Makler mit wenigen Immobilien im Vermittlungsbestand wird natürlich eher die Tendenz entwickeln, Ihnen die wenigen verfügbaren Immobilien schön zu reden als ein Makler, der ein breit gefächertes Angebot hat. Hier können Sie durch ein bestimmtes Auftreten und durch die Mitteilung eines möglichst exakten Suchprofils dem Makler helfen, Sie zum richtigen Objekt zu führen.

Daher ist es sehr wichtig, vor der Einschaltung eines Maklers zunächst selbst Klarheit zu gewinnen über das eigene Suchprofil. Das immunisiert Sie gegen unsachliche Einflüsterungen, die Sie vom Weg abbringen könnten und ermöglicht Ihnen darüber hinaus, die notwendige Bestimmtheit an den Tag zu legen, um den Makler gezielt steuern zu können, damit er Sie möglichst ohne Umwege zu einem passenden Objekt führt.

Bitte bedenken Sie, dass ein Immobilienmakler Sie nicht kompetent beraten kann zu rechtlichen Fragen und in aller Regel auch keine wirklich belastbaren Angaben zum angemessenen Kaufpreis machen kann. Sie sollten sich am Besten vollständig von der Vorstellung verabschieden, dass der Makler Sie überhaupt beraten kann. Denn ein Makler verfolgt Eigeninteressen und in aller Regel nicht Ihre Interessen. Auch Aussagen von Maklern zu angeblich angemessenen Kaufpreisen sind mit äußerster Vorsicht zu genießen. In diesem Ratgeber zeige ich Ihnen andere Quellen für Marktdaten auf, die zumindest eine überschlägige Einschätzung zum Wert und zum angemessenen Kaufpreis einer Immobilie ermöglichen. Ich verweise dazu auf die Ausführungen weiter unten im Abschnitt C. I. Hinterfragen Sie alle Angaben eines Maklers kritisch und bestehen Sie darauf, dass der Makler die Quellen der Daten offenlegt. Wenn der Makler auf solche Fragen schmallippig wird und herumdruckst, dann können Sie sicher sein, dass er Behauptungen „ins Blaue hinein" macht und keine belastbaren Quellen hat.

3. Suchanzeigen

Suchanzeigen können ein durchaus innovatives Instrument sein, um eine Gelegenheit zum Kauf von Ferienimmobilien zu erschließen. Allerdings muss die Wirksamkeit bei der derzeitigen Marktlage in Deutschland bezweifelt werden, die durch einen starken Überhang der Nachfrage über das Angebot geprägt ist. Ein Verkäufer wird daher bei derzeitiger Marktlage in Deutschland in aller Regel nicht darauf verzichten, seine Immobilie auf den Marktplätzen der großen Internetportale anzubieten, um von der großen Nachfrage zu profitieren und einen möglichst hohen Preis zu erzielen. In Spanien herrscht jedoch ein Käufermarkt mit umgekehrten Vorzeichen. Daher wären dort Suchanzeigen durchaus in Erwägung zu ziehen.

4. Netzwerken

Das Netzwerken ist nach meiner Auffassung eine der besten Möglichkeiten, an gute Angebote für Ferienimmobilien heranzukommen. Damit meine ich den Aufbau und die Pflege von privaten und beruflichen Kontakten. Das schließt sowohl das Netzwerken im klassischen Umfeld als auch das Netzwerken im Internet ein. Im Internet gibt es diese Möglichkeit z.B. über Google+ oder Facebook. Dort gibt es Communities, die zu bestimmten Themen und Interessensgebieten gegründet wurden. Sicherlich haben Sie einige Hobbies und private Interessen, die Sie ohnehin pflegen möchten. So können Sie das angenehme mit dem Nützlichen verbinden. Darüber hinaus gibt es auf diesen Plattformen auch Communities zu professionellen Themen, die Sie zum Aufbau von professionellen Netzwerken nutzen können.

Wenn Sie zum Beispiel Rechtsanwalt sind und schwerpunktmäßig im Familienrecht tätig, dann kann es sich anbieten, ein professionelles Netzwerk zu anderen Rechtsanwälten aufzubauen, die ebenfalls auf diesem Rechtsgebiet tätig sind. Insbesondere anlässlich von Ehescheidungen kommt es häufig zum Verkauf von Immobilien, weil ein Zugewinnausgleich von einem Ehepartner an den anderen gezahlt werden muss oder weil schlicht und einfach gemeinsames Vermögen auseinandersetzt werden muss. Nicht selten wird dann der Scheidungsanwalt gefragt, ob er Interessenten für den

Kauf von Immobilien kennt. Aus dem gleichen Grund könnten Sie z.B. auch ein Netzwerk zu Notaren aufbauen. Denn auch mit Notaren gibt es berufliche Überschneidungen bei einer Tätigkeit als Rechtsanwalt auf dem Gebiet des Familienrechtes. Man denke nur an Eheverträge oder Testamente. Diese Beispiele lassen sich beliebig fortsetzen und ausdifferenzieren.

Wenn Sie etwas nachdenken in diese Richtung und sich selbst keine Denkverbote auferlegen, werden auch Ihnen intelligente Anknüpfungspunkte einfallen für innovatives Netzwerken zur Erschließung von günstigen Gelegenheiten zum Kauf von Ferienimmobilien.

V. Neubauimmobilien vom Bauträger

Sowohl in Deutschland als auch in Spanien werden in Urlaubsorten häufig auch Neubauimmobilien angeboten, die noch nicht errichtet sind. Das können Apartments in einer Großstadt oder an der Küste sein oder freistehende Ferienhäuser oder Doppelhaushälften in neu entwickelten Arealen mit einheitlicher Bebauung. Bei solchen Angeboten rate ich zu besonderer Vorsicht. Denn es stecken sehr viele Unbekannte in der Gleichung.

Es ist in der Vergangenheit mehr als einmal vorgekommen, dass solche Projektentwicklungen niemals fertiggestellt worden sind. Sie können noch heute solche Bauruinen sehen, wenn Sie sich beispielsweise in Spanien ein wenig umschauen. Teilweise sind schon Straßen angelegt worden und Fundamente für Straßenlaternen errichtet und einige Rohbauten begonnen. Wenn Sie eine Immobilie in einer solchen Anlage gekauft haben, müssen Sie mit einem Totalausfall des eingesetzten Geldes rechnen. Denn wenn die Siedlung nie in Betrieb genommen wird, ist auch ein Anschluss des Grundstückes an die Wasser- und Stromversorgung sowie an die Kanalisation nicht mehr zu erwarten. Denn die Straßen sowie Ver- und Entsorgungsleitungen innerhalb einer solchen Siedlung sind in der Regel **nicht** öffentlich. Für die Erschließung ist daher keine Gemeinde zuständig.

Aber auch außerhalb einer solchen Siedlung ist der Erwerb einer noch zu bauenden Immobilie vom Bauträger in Spanien ein Wagnis. Es fängt schon damit an, dass die standardisierten Verträge mit den Immobilienkäufern häufig sehr zum Nachteil der Verbraucher konstruiert sind und dem Bauträger praktisch freie Hand lassen bei der Bauqualität und bei der Ausstattung der Immobilien.

Schließlich trägt der Käufer das Risiko, dass die Baubeschreibung mit den Ausstattungsmerkmalen nicht hinreichend präzise ist und es daher später zum Streit über die Qualität der verwendeten oder zu verwendenden Baumaterialien kommt. Diese Streitigkeiten können vermieden werden, wenn penibel auf eine unmissverständliche, lückenlose und vollständige Baubeschreibung geachtet wird.

Die Erfahrung zeigt, dass in Bau- und Rechtsfragen unerfahrene Käufer kaum in der Lage sind, abschließend zu beurteilen, ob ein vom Bauträger vorgelegter Textentwurf hinreichend präzise ist oder nicht. Das führt im Ergebnis leider häufig zu Streitigkeiten darüber, ob eine gewünschte Ausstattung (z.B. Natursteinfußböden statt Fliesen) von der konkreten Baubeschreibung erfasst ist oder nur gegen Aufpreis gewählt werden kann. Bauträger sind sehr versiert darin, durch schwammige Formulierungen in Baubeschreibungen diverse Möglichkeiten anzulegen, den Preis später zu erhöhen für einzelne Ausstattungsmerkmale. In der Summe können sich dadurch erhebliche Preissteigerungen ergeben. Sie können sich vorstellen, dass es in einer fremden Sprache und einer für

Sie unbekannten Rechtskultur noch viel schwieriger ist, Untiefen zu erkennen und sicher zu umschiffen.

Hinzu kommt, dass bei großen Wohnungseigentumskomplexen oder Ferienhaussiedlungen Erfahrungswerte fehlen, wie sich die Atmosphäre dort entwickeln wird. Es kommt durchaus vor, dass diese in den Werbeprospekten der Bauträger noch recht gefällig wirken. Nach der Realisierung kann sich jedoch herausstellen, dass aufgrund einer zu dichten Bebauung „Ghettoatmosphäre" aufkommt und die Immobilien daher am Ende des Tages am Markt deutlich weniger Wertschätzung erfahren als prognostiziert. Das kann in Kombination mit einer bestimmten Mieter- oder Eigentümerstruktur in solchen Komplexen eine Abwärtsspirale in Gang setzen, die ein nicht zu unterschätzendes Risiko darstellt.

Mitunter sehen Bauträgerverträge Spanien hohe Anzahlungen vor Baubeginn und weitere Zahlungen unabhängig vom Baufortschritt vor. Solche Regelungen sollten Sie auf keinen Fall akzeptieren. Sie können sich an der Makler- und Bauträgerverordnung in Deutschland orientieren, die entsprechende Staffelungen der Zahlungen zwingend vorschreibt.[10] Übrigens sieht die Makler- und Bauträgerverordnung auch vor, dass Zahlungen vom Käufer grundsätzlich nur dann verlangt werden können,

---

[10] Ich verweise dazu auf § 3 der Makler- und Bauträgerverordnung – MaBV. Sie finden diese im Internet unter dem folgenden Kurzlink: https://goo.gl/z45EJ5

wenn eine Baugenehmigung vorliegt und darüber hinaus die Teilungserklärung im Grundbuch eingetragen ist. Auch das ist eine sinnvolle Absicherung des Käufers, auf die Sie nicht verzichten sollten.

Weisen Sie Ihren in Spanien eingeschalteten Rechtsanwalt darauf hin, dass Sie das Schutzniveau der Makler- und Bauträgerverordnung in den Verträgen nicht unterschreiten wollen. Es handelt dabei nicht um nebensächliche „nice to have" – Punkte, sondern wirklich um kriegswichtige Aspekte. In diesem Punkt sollten Sie hart bleiben.

Last but not least rate ich Ihnen, keinen Bauträgervertrag zu unterschreiben, der keine Verpflichtung des Bauträgers zur Zahlung einer angemessenen Vertragsstrafe bei Terminüberschreitungen vorsieht. Ohne eine merkliche Sanktionierung von schuldhaften Bauzeitverzögerungen sind sämtliche Terminangaben (auch wenn sie im Vertrag stehen) Schall und Rauch. Der Bauträger wird nur dann zur fristgerechten Fertigstellung der Immobilie motiviert sein, wenn er eine Vertragsstrafe zahlen muss bei Terminüberschreitung. Von diesen Erfahrungswerten gibt es so gut wie keine Ausnahmen.

C. WEITERFÜHRENDE ÜBERLEGUNGEN

Deutsche Kaufinteressenten profitieren davon, dass die Preise für Immobilien in Spanien seit Ausbruch der Finanzkrise stark gefallen sind. Beispielsweise auf dem spanischen Festland sind die Preise um bis zu 50% eingebrochen. Auf den kanarischen Inseln und auf Mallorca ist der Preisrückgang mit bis zu 25% moderater ausgefallen, aber immer noch signifikant. Die Preise scheinen hier seit kurzem wieder zu steigen. Der Zeitpunkt für die Realisierung Ihres Traums von einer Ferienimmobilie in Spanien ist daher durchaus gut. Dort profitieren Sie derzeit von einem Käufermarkt, der genau umgekehrte Vorzeichen hat im Vergleich zum deutschen Immobilienmarkt.

In Deutschland wird zu Recht darüber geklagt, dass der Immobilienmarkt überhitzt ist. Das hat sicherlich auch mit der äußerst bedenklichen Währungspolitik der Europäischen Zentralbank zu tun, die den Euroraum ohne absehbares Ende ungebremst mit Geld flutet. Viele Menschen fangen an zu begreifen, dass billiges Geld und niedrige Darlehenszinsen nicht nur gut sind für Immobilienkäufer. Die Geldflut im Euro-Raum verleitet zusehends breitere Kreise der Bevölkerung in Deutschland dazu, Immobilien überteuert einzukaufen. Das ist leider ein Umstand, der die Entstehung einer Immobilienblase massiv anheizt. Auch unter diesem Aspekt erscheint der Zeitpunkt für eine Fokussierung auf andere Märkte gut zu sein.

Dabei ist eine Fokussierung auf Spanien absolut naheliegend. Denn Spanien ist als Urlaubsland sehr beliebt und von daher ein optimaler Standort für eine Ferienimmobilie. Das gilt insbesondere unter dem Blickwinkel, dass es nicht nur um die Eigennutzung geht sondern auch um eine Kapitalanlage. In den nachfolgenden Abschnitten werde ich Ihnen anhand von verfügbaren Marktdaten für den Zeitraum von 2007/2008 bis Mai 2017 aufzeigen, dass die Preise dramatisch gefallen sind und langsam wieder steigen. Dazu passt, dass die spanische Wirtschaft bereits Erholungstendenzen aufweist und, dass Spanien als Urlaubsland deutlich im Aufwind ist. Mit Spanien als Standort liegen Sie daher durchaus richtig.

I. Welcher Kaufpreis ist angemessen?

Ungeachtet der Frage, ob Sie die Ferienimmobilie in erster Linie für die Eigennutzung oder für die Vermietung anschaffen, haben Sie in jedem Fall ein Interesse daran, keinen überhöhten Kaufpreis zu zahlen. Die Ermittlung des Marktwertes und des angemessenen Kaufpreises einer Ferienimmobilie in Spanien ist nicht so einfach. Das hängt auch damit zusammen, dass Ferienimmobilien in der Regel auf Tages- und Wochenbasis vermietet werden und nicht wie eine ganz normale Wohnung mit einem unbefristeten Mietvertrag über Wohnraum. Darüber hinaus gibt es saisonal bedingt Schwankungen bei der Auslastung. Im Hochsommer erzielen Sie mit einer Ferienimmobilie natürlich eine höhere Auslastung als im Winter. Der erzielbare Mietertrag pro Jahr ist ein wichtiger Baustein für den Wert einer Immobilie. Das liegt auch dem sogenannten Ertragswertverfahren zugrunde, bei dem der erzielbare Mietertrag pro Jahr in Kombination mit Lagefaktoren und Ausstattungsfaktoren zu einem angemessenen Marktwert hochgerechnet wird.

In Deutschland besteht ein großer Vorteil darin, dass es für jede Lage ermittelte Durchschnittswerte der Gutachterausschüsse gibt, die jährlich aktualisiert werden.[11] Die Rede ist von den Bodenrichtwerten und Marktrichtwerten, die größtenteils kostenlos über das Internet abgerufen werden können.[12]

Die schlechte Nachricht ist, dass Daten mit einer solchen Detailschärfe leider für Immobilien in Spanien nicht zur Verfügung stehen. Gutachterausschüsse wie in Deutschland gibt es dort nicht.

Bei der Frage, welcher Kaufpreis angemessen ist, kann es zur Orientierung sehr hilfreich sein, zunächst die verfügbaren Marktdaten auszuwerten, die für den konkreten Standort vorhanden sind.

---

[11] Eine detaillierte Erklärung zur Ermittlung des angemessenes Kaufpreises für eine Wohnimmobilie in Deutschland finden Sie in meinem Buch mit dem Titel „Immobilienfinanzierung für Eigennutzer – Ratgeber für Kauf, Bau & Kredit". Sie finden das Buch bei Amazon unter dem folgenden Kurzlink: http://amzn.to/2tCIoAc

[12] Ich verweise dazu auf die folgende Internetseite: http://www.gutachterausschuesse-online.de/

1. TINSA – INDEX

In Spanien gibt es leider nur sehr grobes Datenmaterial, das von Unternehmen erhoben wird, die für den Finanzsektor Immobilienwerte überschlägig ermitteln. Aus diesen Daten wird der sogenannte TINSA - Index ermittelt, der (stark vergröbernd) nach verschiedenen Lagen und Regionen differenziert und Durchschnittswerte ausweist: (i) Hauptstädte und Metropolen, (ii) Metropolregionen, (iii) Mittelmeerküste, (iv) Balearen und Kanaren und schließlich (v) restliche Gemeinden.[13] Darüber hinaus wird ein globaler Durchschnittswert für alle Immobilien ermittelt. Die nachfolgende Tabelle weist diese Werte für den Zeitraum von Januar 2001 bis Mai 2017 aus.

---

[13] Ich verweis dazu auf die folgende Internetseite: https://goo.gl/nikz9s

TINSA - INDEX (Januar 2001 bis Mai 2017)

Jahr	Monat	Gesamt	Hauptstadt & Metropolen	Metropolregionen	Mittelmeerküste	Balearen und Kanaren	Restliche Gemeinden und Gebiete
2001	Januar	934	924	936	933	911	965
2002	Januar	1.070	1.080	1.067	1.085	1.080	1.043
2003	Januar	1.241	1.279	1.242	1.303	1.206	1.167
2004	Januar	1.462	1.536	1.491	1.620	1.331	1.333
2005	Januar	1.697	1.810	1.740	1.899	1.454	1.550
2006	Januar	1.974	2.131	2.004	2.215	1.646	1.804
2007	Januar	2.216	2.393	2.224	2.469	1.795	2.073
2008	Januar	2.273	2.421	2.232	2.537	1.892	2.161
2009	Januar	2.044	2.187	1.990	2.216	1.738	1.946
2010	Januar	1.932	2.057	1.870	2.059	1.621	1.876
2011	Januar	1.836	1.924	1.793	1.887	1.565	1.824
2012	Januar	1.714	1.756	1.677	1.734	1.517	1.737
2013	Januar	1.477	1.506	1.418	1.475	1.349	1.513
2014	Januar	1.371	1.380	1.297	1.405	1.256	1.419
2015	Januar	1.333	1.321	1.275	1.332	1.303	1.389
2016	Januar	1.348	1.359	1.285	1.346	1.345	1.359
2017	Januar	1.361	1.396	1.248	1.332	1.383	1.370
	Februar	1.371	1.409	1.260	1.340	1.374	1.378
	März	1.385	1.409	1.270	1.413	1.439	1.377
	April	1.373	1.419	1.231	1.400	1.370	1.372
	Mai	1.387	1.429	1.262	1.409	1.372	1.390

Basis ist das Jahr 2000 mit einem Index von 1.000.

Abbildung 1: TINSA-INDEX-Reihen 2001 bis 201
Quelle: Tinsa Tasaciones Inmobiliarias, S.A.U
https://www.tinsa.es/acerca-de-tinsa/

Aus diesem Index können Sie zumindest einen globalen Preisentwicklungstrend ablesen. Aus der Liste der Indizes können Sie z.B. entnehmen, dass es seit 2008 einen deutlichen Abwärtstrend bei den Immobilienpreisen in Spanien gegeben hat. Für die spanische Mittelmehrküste ist der Index im Zeitraum von Januar 2008 bis Mai 2017 von 2.537 auf 1.409 gefallen. Das entspricht einem Wertverfall von 44,5%! Das ist eine Zahl, die eine Vorstellung davon vermittelt, wie stark Ihre Verhandlungsposition als Käufer an der spanischen Mittelmeerküste derzeit ist.

Allerdings handelt es sich um Durchschnittszahlen, die leider sehr grob sind. Sie müssen bei der konkreten Immobilie natürlich Zu- oder Abschläge einkalkulieren, die von der Mikrolage und vom Alter sowie vom baulichen Zustand der Immobilie abhängen. Die Detailschärfe dieser Daten lässt leider sehr zu wünschen übrig. Sie können überhaupt nicht ablesen, wie z.B. der Durchschnittspreis für einen Quadratmeter Grund und Boden in einem bestimmten Ort an der spanischen Mittelmeerküste ist.

2. Weitere Quellen für Preisindikationen

Eine weitere Quelle für allerdings ebenfalls sehr grobe Durchschnittszahlen ist die Online-Ausgabe der spanischen Zeitung El Mundo.[14] Wenn Sie mit dem Cursor auf eine entsprechende Provinz oder eine Insel der Karte von Spanien zeigen, erhalten Sie die Durchschnittspreise pro m^2 Wohnfläche angezeigt. Dabei wird zwischen Neubauten und Altbauten differenziert. Die letzten Daten stammen aus dem Jahre 2015.

---

[14] Die Zahlen finden Sie auf der folgenden Internetseite, auf der Sie einzelne Provinzen und Inseln anklicken können, um die Daten anzeigen zu lassen:
http://www.elmundo.es/suvivienda/sv/tasaciones/

Precio medio del m² por provincia

Datos del primer trimestre de 2015.

Fomento entiende por vivienda nueva la que tiene menos de cinco años de antigüedad.

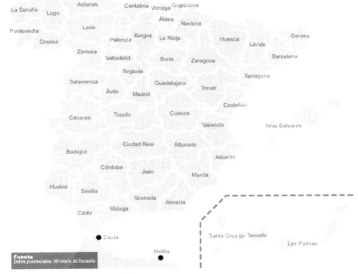

Portada > Su Vivienda > **Precio medio del m² por provincia**

Abbildung 2: Durchschnittspreise pro m² Wohnfläche nach Provinzen
Quelle: http://www.elmundo.es/suvivienda/sv/tasaciones/

Schließlich gibt es noch Zahlen, die von der spanischen Notarkammer veröffentlicht werden, die sich explizit auf Immobilienkäufe von Ausländern in Spanien beziehen. Auch diese Zahlen belegen einen leichten Preisanstieg seit kurzer Zeit.[15]

Für das zweite Halbjahr 2016 hat die Notarkammer bei Immobilienkäufen von nichtresidenten Ausländern einen Durchschnittspreis pro m^2 in Höhe von € 1.876 ermittelt. Bei residenten Ausländern (mit Hauptwohnsitz in Spanien) wurde für den gleichen Zeitraum ein Durchschnittspreis pro m^2 in Höhe von € 1.357 ermittelt. Der Durchschnittspreis für alle von Ausländern (resident und nichtresident) getätigten Immobilienkäufe betrug € 1.624.

Die Durchschnittspreise der von Ausländern gekauften Immobilien sind jedoch (je nach Region) sehr unterschiedlich. Die nachfolgende Übersicht weist die Durchschnittspreise pro m^2 im 1. Halbjahr 2008 und im 2. Halbjahr 2016 in den einzelnen Provinzen aus.[16]

---

[15] Ich verweise dazu auf die folgende Internetseite der spanischen Notarkammer: https://goo.gl/JpSDJ2

[16] Ich verweise dazu auf die folgende Internetseite der spanischen Notarkammer: https://goo.gl/JpSDJ2

Provinz	1. Halbjahr 2008	2. Halbjahr 2016
Balearen	€ 3.262	€ 2.576
Baskenland	€ 3.570	€ 1.943
Madrid	€ 2.817	€ 1.864
Katalonien	€ 2.673	€ 1.859
Extremadura	€ 746	€ 548
Kastilien-La Mancha	€ 1.071	€ 657
La Rioja	€ 1.089	€ 680
Aragón	€ 1.472	€ 696
Andalusien	€ 2.130	€ 1.609
Asturien	€ 1.754	€ 940
Kanaren	€ 2.159	€ 1.590
Kantabrien	€ 1.918	€ 1.041
Kastilien y León	€ 1.120	€ 728
Valencia	€ 1.922	€ 1.282
Galicien	€ 1.215	€ 727
Murcia	€ 2.163	€ 1.073
Navarra	€ 1.634	€ 1.014

An den Zahlen können Sie gut erkennen, wie dramatisch der Preisrückgang insgesamt und in einzelnen Regionen im Besonderen war. Da es sich jedoch um Durchschnittspreise für eine ganze Region handelt, werden Sie nicht darum herumkommen, im Einzelfall anhand einer bestimmten Mikrolage „zu Fuß" weitere Recherchen zum angemessenen Preis vorzunehmen. Gleichwohl sind solche Durchschnittszahlen interessant als Ausgangspunkt der weiteren Überlegungen.

Aus den aktuellen Indizes und Zahlen können Sie zweifelsfrei entnehmen, dass die Preise seit einiger Zeit wieder langsam steigen. Das spricht dafür, dass der Zeitpunkt für die Realisierung Ihres Traums von einer Ferienimmobilie in Spanien kaum besser sein könnte: Die Preise scheinen den Boden erreicht zu haben. Das Angebot ist umfangreich und die Darlehenszinsen sind historisch niedrig. Bessere Rahmenbedingungen kann man sich als Käufer einer Immobilie kaum wünschen.

3. Näherung über Ertragswertverfahren

Es gibt noch eine weitere Möglichkeit, sich eine überschlägige Meinung zum angemessenen Kaufpreis für eine Ferienimmobilie in Spanien zu bilden. Mithilfe der Methodik des Ertragswertverfahrens können Sie aus der erzielbaren Miete für eine Ferienimmobilie überschlägig einen angemessen Kaufpreis errechnen. Wenn Sie die jährlich nachhaltig erzielbare Jahresnettomiete durch die Anschaffungskosten teilen, ergibt sich daraus die jährliche Mietrendite in %. Die Rendite einer Immobilie sagt etwas über den Ertrag aus, den die Immobilie pro Jahr abwirft.

$$\frac{\text{Jahresnettomiete}}{\text{Anschaffungskosten}} = \text{Rendite}$$

Ausgangspunkt der Ermittlung der Jahresnettomiete sind die erzielbaren Übernachtungspreise für eine Vermietung an Touristen. Diese können Sie aus Buchungsportalen im Internet (z.B. Trivago oder FeWo)[17] ableiten indem Sie schauen, was für vergleichbare Ferienwohnungen (vergleichbar im Hinblick auf Lage und Ausstattung) verlangt wird. Aus dem Übernachtungspreis allein

---

[17] Ich verweise dazu auf die folgenden Internetseiten: https://www.trivago.de/ und https://www.fewo-direkt.de/

können Sie noch keine „Jahresnettomiete" ableiten. Sie müssen darüber hinaus möglichst realistische Annahmen treffen für die erzielbare Auslastung, d.h. wie viele Übernachtungen Sie pro Jahr abrechnen können. Diese Informationen sind im Vorfeld deutlich schwieriger zu beschaffen als erzielbare Übernachtungspreise. Denn Sie können diese Zahlen nicht direkt aus Buchungsportalen ableiten. Dort können Sie allenfalls aus eingestellten Online-Kalendern mit ausgebuchten Zeitfenstern Rückschlüsse auf die Auslastungsquote ziehen.

Schließlich müssen Sie von der erzielbaren Miete die **Betriebskosten** abziehen. Diese setzen sich anders zusammen als bei einer „normalen" Vermietung einer Wohnung mit einem unbefristeten Mietvertrag. Zu den Betriebskosten einer Ferienimmobilie gehören sämtliche Nebenkosten, die Sie bei einem „normalen" Mietvertrag auf den Mieter abwälzen könnten. Bei einer Ferienimmobilie hingegen, die Sie auf Tages- und Wochenbasis an Touristen vermieten, können Sie diese Kosten nicht umlegen. Sie sind kein durchlaufender Posten sondern belasten tatsächlich Ihre Einnahmen. Für die Berechnung der Rendite müssen Sie daher sämtliche Nebenkosten (Gas, Wasser, Strom, Abwassergebühren, Müllabfuhrgebühren, Grundsteuern, Versicherung etc.) von den erzielbaren Einnahmen aus der Vermietung an Touristen abziehen. Das ergibt dann die **Jahresnettomiete**.

Wenn man die Anschaffungskosten ins Verhältnis zu der Jahresnettomiete setzt, dann ergibt sich daraus als

Kehrwert der Rendite der so genannte Vervielfältiger oder Multiplikator.

$$\frac{\textbf{Anschaffungskosten}}{\textbf{Jahresnettomiete}} = \textbf{Vervielfältiger}$$

Dieser Wert gibt an, wie viele Jahre es dauert, bis Sie als das eingesetzte Kapital für die Anschaffung über Mieteinnahmen wieder erwirtschaften könnten. Bei einem Vervielfältiger von 14 würde es (vereinfacht ausgedrückt) also 14 Jahre dauern, bis die Anschaffungskosten über Mieteinnahmen wieder hereingeholt sind. Die folgende Tabelle weist beispielhaft die Werte der Renditen für bestimmte Vervielfältiger aus:

Vervielfältiger	Rendite
25	4%
20	5%
16,7	6%
14,3	7%
12,5	8%
11,1	9%
10	10%
9,1	11%
8,3	12%

Aus den Zahlen dieser Tabelle wird sofort ersichtlich, dass die Rendite bei einem hohen Vervielfältiger sinkt und bei einem niedrigen Vervielfältiger steigt. Diese Zahlen sagen damit Folgendes aus: Bei guten Immobilien in guten Lagen ist die Rendite wegen des geringeren Risikos von Leerstand niedriger während sie bei schlechten Immobilien in schlechten Lagen wegen des höheren Risikos von Leerstand höher ausfällt. Bei Immobilien gelten mithin die gleichen Regeln wie für Kapitalanlagen im Allgemeinen: Eine hohe Rendite indiziert ein hohes Risiko und eine niedrige Rendite indiziert ein niedriges Risiko.

Insgesamt können Sie als Faustformel zugrunde legen, dass eine Rendite von 5% bzw. ein Vervielfältiger von 20 im Normalfall einen fairen Kaufpreis für eine durchschnittliche Immobilie darstellt. Weist die Immobilie eine überdurchschnittlich gute Lage oder Ausstattung auf, kann auch ein höherer Vervielfältiger gerechtfertigt sein.

Sie mögen nun einwenden, dass Sie das alles nicht interessiert, weil Sie nur eine Ferienimmobilie für die Eigennutzung erwerben wollen und gar nicht an einer Vermietung interessiert sind. Diese Überlegungen sind jedoch gleichwohl hilfreich, weil sie so besser beurteilen können, ob der vom Verkäufer geforderte Kaufpreis angemessen oder überzogen ist. Außerdem können Sie nicht ausschließen, dass Sie die Ferienimmobilie später vermieten oder verkaufen wollen oder müssen. Auch deshalb sind Überlegungen zum angemessenen Ertragswert sinnvoll.

4. Kaufnebenkosten, Instandhaltungskosten & Verwaltungskosten

In den vorhergehenden Abschnitten habe ich Überlegungen zu den angemessen Kaufpreisen angestellt und ohne weitere Erklärungen den Begriff der **Anschaffungskosten** verwendet. Die Begriffe sind nicht identisch. Denn der Kaufpreis allein reicht nicht aus, um eine Immobilie anzuschaffen. Darüber hinaus müssen die sogenannten Kaufnebenkosten berücksichtigt werden, um die Anschaffungskosten zu ermitteln.

Zu den Kaufnebenkosten gehören die Grunderwerbsteuer („impuesto sobre transmisiones patrimoniales" - abgekürzt ITP) sowie die Kosten für die notarielle Beurkundung des Kaufvertrages und die Eintragung ins Grundbuch („Registro de la Propiedad"). Darüber hinaus fallen Kosten für eine Rechtsberatung und ggf. eine bautechnische Untersuchung der Immobilie durch einen Sachverständigen an. Häufig kommen noch Kosten für eine Maklerprovision hinzu, die in Spanien mit 3 – 7% zu Buche schlagen kann. Die Kaufnebenkosten machen auch in Spanien insgesamt einen nicht zu unterschätzenden Kostenblock aus, wie die nachstehende Übersicht ausweist:

Notarkosten	1,0%
Eintragung im Grundbuch („Registro de la Propiedad")	0,3%
Hypothekensteuer	1,2% des Hypotheken-wertes
Grunderwerbsteuer (ITP bzw. IGIC)[18]	Festland: 6 - 11% Kanaren: 7% Balearen: 8 - 11%
Wertzuwachssteuer	Je nach Gemeinde un-terschiedlich[19]
Provision Immobilienmakler[20]	3 - 7%
Beratung & Kaufabwicklung durch Rechtsanwalt	1 - 1,5%

---

[18] Die Grunderwerbsteuer ist in Spanien in jeder Provinz anders. Sie wird teilweise gestaffelt nach der Höhe des Kaufpreises.

[19] Nach dem Gesetz muss eigentlich der Verkäufer diese Steuer bezahlen. Mitunter wird jedoch die Abwälzung auf den Käufer vereinbart.

[20] In Spanien besteht die Gepflogenheit, dass der Verkäufer den Immobilienmakler bezahlt. Es wird jedoch immer wieder ver-sucht, die Maklerprovision auf den Käufer abzuwälzen. Darüber hinaus besteht die Gefahr, dass der Makler sowohl vom Verkäu-fer als auch vom Käufer eine Provision kassiert.

Der Umfang der Kaufnebenkosten hängt in Spanien auch davon ab, ob eine gebrauchte oder eine Neubauimmobilie vom Bauträger gekauft wird. Beim Kauf einer Neubauimmobilie fällt keine Grunderwerbsteuer sondern Mehrwertsteuer an.

Wenn die Immobilie in einem renovierungsbedürftigen Zustand gekauft wird, dann müssen Sie natürlich noch weitere Kosten berücksichtigen. Üblicherweise wird eine Renovierung unmittelbar nach dem Kauf und vor dem Einzug durchgeführt. Diese Kosten sollten daher als Bestandteil der Gesamtfinanzierung für die Anschaffung berücksichtigt werden. Wenn Sie die Immobilie vor dem Kauf von einem Bausachverständigen untersuchen lassen, können Sie bei dieser Gelegenheit auch die Renovierungskosten überschlägig ermitteln lassen, um den Finanzbedarf dafür besser abschätzen zu können.

Aus dem Wert der gesamten Anschaffungskosten (inklusive Kaufnebenkosten und ggf. Renovierungskosten) und der erzielbaren Jahresnettomiete lässt sich nun ein genauerer Wert für die mögliche Rendite der Immobilie errechnen indem die Jahresnettomiete durch die Anschaffungskosten geteilt wird. Noch einmal zur Erinnerung die Formel für die Errechnung der Rendite:

$$\frac{\textbf{Jahresnettomiete}}{\textbf{Anschaffungskosten}} = \textbf{Rendite}$$

Ich möchte Ihnen das anhand eines Beispiels vor-
rechnen:

Kaufpreis für Ferienwohnung:	€ 300.000
Kaufnebenkosten (12 %):	€ 36.000
Summe Anschaffungskosten:	€ 336.000
Erzielbare Jahresnettomiete:	€ 24.000
=> Rendite p.a.: (= € 24.000 / € 336.000)	7,14%

Die Berechnung der möglichen Rendite nach dieser
einfachen Formel liefert Ihnen bereits eine überschlägige
Einschätzung der möglichen Rentabilität der Ferienimmobilie und damit auch eine Aussage darüber, ob der
Kaufpreis angemessen oder überteuert ist.

Allerdings ist die so errechnete Rendite ein relativ
grober Wert, der noch verfeinert werden muss. Vielleicht
ahnen Sie schon, welche Umstände bei der Berechnung
bisher ausgeblendet worden sind: Die Instandhaltungskosten und die Verwaltungskosten für die touristische
Vermietung. Die Höhe der jährlich zu veranschlagenden
Instandhaltungskosten hängt natürlich auch vom Alter
und Zustand der Immobilie ab. Wenn Sie einen Altbau
mit frisch erneuertem Dach, neuen Fenstern und komplett sanierter Hauselektrik kaufen, so ist natürlich mit
anderen Werten für erwartete Instandhaltungskosten zu

rechnen als wenn Sie einen Altbau erwerben, bei dem diese Maßnahmen noch nicht durchgeführt worden sind. Für überschlägige Berechnungen ist es möglich, Durchschnittswerte für Instandhaltungskosten anzusetzen, die sich aus langjähriger Erfahrung für den Normalfall ergeben. Mit einem Durchschnittswert von 10 bis 14 € pro m² und Jahr kann man durchaus realistisch rechnen.

Schließlich müssen Sie die Verwaltungskosten berücksichtigen. Bei einer Vermietung auf Tages- und Wochenbasis an Touristen fällt natürlich ein deutlich größerer Aufwand an, so dass die Verwaltungskosten einen beachtlichen Kostenblock ausmachen können. Sie sollten durchaus mit 10 bis 15% der Einnahmen rechnen. Wenn Sie nun die zu erwartenden Instandhaltungskosten und die Verwaltungskosten von der Jahresnettomiete abziehen, so wird sich der Wert für die Rendite nach unten korrigieren. Ich möchte Ihnen das an der Weiterentwicklung des obigen Beispiels verdeutlichen:

Kaufpreis für Ferienwohnung:	€ 300.000
Kaufnebenkosten (12 %):	€ 36.000
Summe Anschaffungskosten:	€ 336.000
Jahresnettomiete:	€ 24.000
Wohnfläche:	250 m²
Instandhaltungskosten p.a. (€ 10 pro m²):	€ 2.500

Verwaltungskosten p.a.:	€ 2.400
=> angepasste Jahresnettomiete:	€ 19.100
=> Rendite p.a.: (= € 19.100 / € 336.000)	5,68%

Die so errechnete Rendite ist schon ein deutlich aussagekräftigerer Wert. Wie Sie sehen, hat sich die Rendite durch Berücksichtigung der durchschnittlichen Instandhaltungskosten und der Verwaltungskosten bereits um ca. 1,5% nach unten entwickelt.

Bei dieser Berechnung behalten Sie natürlich im Hinterkopf, dass ein überdurchschnittlich guter oder schlechter baulicher Zustand der Immobilie eine Modifizierung der Durchschnittswerte für Instandhaltungskosten erfordert. Wenn Sie bei dieser ersten Berechnung eines Immobilienangebotes eine unakzeptable Rendite ermitteln, dann reduzieren Sie den Kaufpreis pauschal um 10% „Verhandlungsreserve" und schauen sich an, wie sich die Rendite verändert. Wenn die Rendite dann immer noch deutlich unter 5% liegt, dann ist das ein Indiz dafür, dass diese Immobilie zu teuer ist. Denn mit einer solchen Immobilie würden Sie auch dann nicht auf einen grünen Zweig kommen, wenn sich bei der detaillierten Prüfung herausstellt, dass es keine kritischen Befunde gibt, die die erste Berechnung einer möglichen Rendite in Frage stellen.

5. Verhandeln lohnt sich!

Diese Grundregel hat weltweit Gültigkeit beim Kauf einer Immobilie. Es wäre ein Fehler, die Preisvorstellung des Verkäufers bzw. des Maklers des Verkäufers widerspruchslos zu akzeptieren. Denn selten werden Immobilien zu dem Preis verkauft, der im Exposé des Maklers angegeben ist oder vom Verkäufer zu Beginn der Verhandlungen aufgerufen wird. Diese Grundregel gilt selbstverständlich auch in Spanien. Daher ist es ein Gebot der Vernunft, den geforderten Kaufpreis noch ein Stückchen nach unten zu verhandeln. Als Faustformel können Sie annehmen, dass die Kaufpreisvorstellungen des Verkäufers zu Beginn der Verhandlungen mindestens 10% höher angegeben werden als die tatsächliche Preisvorstellung und Schmerzgrenze. Lassen Sie sich auch nicht verwirren von Angaben des Verkäufers oder seines Maklers, dass es sich um einen „Festpreis" handelt. Es gehört zum Ritual, dies zu Beginn der Verhandlungen zu behaupten. Gleichwohl wäre es ein Fehler, den Verkäufer in den Gesprächen plump auf diese Annahme hinzuweisen und ohne weitere Begründung einen Preisnachlass von 10% zu verlangen.

In den Verhandlungen geht es natürlich auch darum, dass der Verkäufer ernst genommen werden möchte. Wenn Sie ihm ins Gesicht sagen, dass er einen uralten Taschenspielertrick verwendet und zur Abkürzung von zähen und langwierigen Gesprächen einfach sofort 10%

Preisnachlass gewähren soll, dann wird er sich vor den Kopf gestoßen fühlen und es besteht ein hohes Risiko, dass er die Verhandlungen abbricht bevor sie begonnen haben.

Daher spielt ein kluger Käufer das Spiel der Verhandlungsrituale brav mit und bekommt nach Ablauf der üblichen Phasen und Gespräche mindestens 10% Preisnachlass. Zu dem Ritual gehört auch, dass der Käufer plausible Argumente für den geforderten Preisnachlass vorbringt und diese möglichst überzeugend ausleuchtet. Wenn Ihr Bausachverständiger die Immobilie in Augenschein genommen und eine Liste mit erforderlichen Instandsetzungsmaßnahmen erstellt und die Kosten dafür aufgelistet hat, können Sie damit in den Verhandlungen natürlich sehr gut argumentieren. Darüber hinaus können Sie auch mit Durschnittzahlen argumentieren. Ich hatte Ihnen diese Zahlen oben (aufgeschlüsselt nach Provinzen) dargestellt.[21]

Bei all diesen Zahlen handelt es sich um Durchschnittswerte, die eine durchschnittliche Lage und eine durchschnittliche Ausstattung der Immobilie unterstellen. Sie sollten darauf vorbereitet sein, dass der Verkäufer behauptet, dass die Mikrolage und der bauliche Zustand der Immobilie überdurchschnittlich gut sind. Auch dazu sollten Sie sich zum Zeitpunkt der Kaufpreisverhandlun-

---

[21] Ich verweise dazu auf Ausführungen weiter oben im Abschnitt C. I. 2.

gen bereits ein Bild gemacht haben und daher präpariert sein, diesem Einwand des Verkäufers überzeugend zu begegnen.

Wenn Sie besonders günstig einkaufen wollen, gehen Sie einen Schritt weiter und suchen plausible und möglichst überzeugende Argumente, dass der durchschnittliche Wert aufgrund der Besonderheiten der Mikrolage und des baulichen Zustandes des Gebäudes nach unten zu korrigieren ist. Hierbei müssen Sie behutsam vorgehen. Die Argumente dürfen nicht „an den Haaren herbeigezogen" wirken und müssen zumindest plausibel sein. Sie müssen unbedingt den Eindruck vermeiden, dass Sie den Verkäufer nicht ernst nehmen und ihm die Immobilie unter Wert abluchsen wollen. Sonst besteht ein hohes Risiko, dass sich die Kaufpreisvorstellungen des Verkäufers verhärten oder dass er gar ärgerlich wird und die Verhandlungen abbricht.

Verhandlungsgeschick ist eine hohe Kunst, die man am besten durch viel Übung und Erfahrung lernt. Darüber hinaus ist eine optimale Vorbereitung auf die Verhandlungen eine wichtige Erfolgszutat für gute Verhandlungsergebnisse. Dazu gehört insbesondere, dass Sie die oben aufgezeigten Datenquellen auswerten und vorab Überlegungen zum angemessenen Kaufpreis anstellen. Wenn Sie Ihre Hausaufgaben insoweit gut erledigt haben, dann können Sie in den Verhandlungen souverän auftreten und argumentieren. Das eröffnet die besten Chancen, mit guten Ergebnissen aus den Verhandlungen herauszukommen. Wenn Sie es mit einem sehr geschickten Verkäufer zu tun haben, dann verhandelt dieser nicht selbst, sondern lässt durch einen Immobilienmakler verhandeln. Dabei haben Sie den verhandlungstaktischen Nachteil, dass Sie keinen direkten Eindruck von dem Verkäufer bekommen und auch keine Schlussfolgerungen aus den Reaktionen Ihre Argumente und Kaufpreisvorstellungen ableiten können. Mimik und Körpersprache können in Verhandlungen sehr aussagekräftige Informationsquellen sein. Diese Informationsquelle ist Ihnen in einer solchen Situation versperrt. Sie müssen hingegen einkalkulieren, dass der Makler Ihre Reaktionen und auch Ihre Körpersprache in den Verhandlungen sehr genau beobachtet und analysiert und dem Verkäufer davon berichtet. Sie können versuchen, den Verkäufer in die Kaufpreisverhandlungen einzubinden und vorschlagen, die Gespräche zu Dritt zu führen. Sie müssen aber damit rechnen, dass der Makler einen solchen Vorschlag (natürlich auf Anweisung des Verkäufers) ablehnt und z.B. darauf verweist, dass der Verkäufer ein vielbeschäftigter Mann mit wenig Zeit ist. Sie sollten sich in einem solchen Fall in den Gesprächen mit dem Makler möglichst bedeckt halten und nicht zu viele Informationen preisgeben über Ihre Schmerzgrenzen und Ihr Interesse an der Immobilie.

77

II. RECHTLICHE RAHMENBEDINGUNGEN IN SPANIEN

Wie eingangs erwähnt, müssen Sie sich mit der Rechtslage für Immobilien in Spanien auseinandersetzen. Sie dürfen nicht unterstellen, dass dort alles genau so geregelt ist wie in Deutschland. Als Erwerber und Eigentümer einer Immobilie in Spanien sind Sie spanischem Recht unterworfen. Das ist zwingend und kann nicht durch vertragliche Regelungen ausgehebelt werden. Ich möchte Sie daher in den folgenden Abschnitten mit grundlegenden Informationen versorgen, wie der Erwerb einer Immobilie in Spanien rechtlich geregelt ist und welche Rechte und Pflichten auf Sie als Eigentümer zukommen.

1. Rechtsunsicherheiten durch das Küstengesetz

Dieses Kapitel dient nicht dazu, Ihnen Angst zu machen oder den Spaß zu verderben. Es geht vielmehr darum, Ihnen die Realität vor Augen zu führen und Sie damit vor Schaden zu bewahren. Leider kommen Sie nicht darum herum, sich mit den Gegebenheiten in Spanien zu befassen, die viel Rechtsunisicherheit bringen. Wie schlimm es ist, lässt sich schon daran ablesen, dass sich sogar das Europaparlament mit dem Thema befasst und Spanien in einer Entschließung aufgefordert hat, etwas gegen ausufernde Rechtsverstöße und Korruption im Immobiliensektor zu unternehmen.[22]

Jahrzehntelang haben spanische Behörden die illegale Bebauung der Küsten toleriert und teilweise sogar mit illegalen Baugenehmigungen unterstützt. Ein besonders abschreckendes Beispiel ist Marbella an der Costa del Sol. Das hat nicht nur die Küste mit Bausünden verschandelt sondern auch erhebliche Rechtsunsicherheiten nach sich gezogen, die bis heute fortwirken. Da die meisten Ferienimmobilien an der Küste oder in unmittelbarer Nähe zur Küste liegen, sind viele Ausländer davon betroffen,

---

[22] Den Text der Entschließung des Europarlamentes vom 20.02.2009 finden Sie im Internet unter dem folgenden Kurzlink: https://goo.gl/DKZbm2

die in Spanien gekauft haben oder noch kaufen wollen. Das war auch der Hintergrund der Rüge durch das EU-Parlament. Vorausgegangen waren zahlreiche Beschwerden von geschädigten Immobilienkäufern, die sich mit Petitionen an das EU-Parlament gewandt haben.

Tatsächlich ist das Königreich Spanien nach dieser Rüge durch das EU-Parlament tätig geworden und hat im Jahre 2013 eine Reform des Küstengesetzes beschlossen. Das Küstengesetz ist ein alter Bekannter. Es wurde bereits 1988 verabschiedet. Es dient seinem Wortlaut nach dem Schutz der Küsten vor Zersiedlung und illegaler Bebauung. Das hört sich zunächst nach einer guten Nachricht an. Leider zeigt sich jedoch bei genauerem Hinsehen, dass damit die Rechtsunsicherheiten für Ferienimmobilien an der Küste nicht wirklich beseitigt worden sind. Bereits die in 1988 verabschiedete Fassung wurde von den lokalen Behörden großflächig ignoriert und nicht wirklich effizient vollzogen. Es ist zu befürchten, dass die Überarbeitung des Küstenschutzgesetzes aus dem Jahr 2013 das gleiche Schicksal ereilt. Da Sie jedoch nicht blind darauf vertrauen können, dass das Küstenschutzgesetz auch in Zukunft nicht vollzogen wird, sollten Sie sich zumindest informieren, ob Ihre Zielimmobilie in dem Bereich liegt, für den das Küstenschutzgesetz gilt. Das Gesetz differenziert zwischen drei Schutzzonen:

Zone 1 umfasst alle Strandgrundstücke in direkter Lage zum Meer. Für diese Zone ist nach dem Gesetz eine exklusive private Nutzung (z.B. durch Bebauung mit Immobilien) ausgeschlossen. Diese Zone ist vielmehr der

Nutzung durch die Öffentlichkeit vorbehalten. Lediglich Yachthäfen oder Imbissbuden am Strand sind auf der Grundlage von erteilten Einzelgenehmigungen zulässig.

Zone 2 des Gesetzes umfasst den Küstenstreifen, der sich unmittelbar an die Zone 1 anschließt. Sie reicht ca. 20 bis 100 Meter weit (gemessen vom höchsten Wasserstand des Meeres) und dehnt sich im Einzelfall auf bis zu 300 Meter aus.

Zone 3 umfasst den restlichen Küstenstreifen.

Erschwerend kommt hinzu, dass der Verlauf der Grenzen der einzelnen Schutzzonen mitunter umstritten ist. Wenn Sie sich für eine Ferienimmobilie in der Nähe zum Meer interessieren, sollte Sie unbedingt vorher abklären, in welcher Schutzzone diese liegt.

Jetzt werden Sie einwenden, dass Sie doch bereits zahlreiche Immobilien in Spanien gesehen haben, die in der Zone 1 oder 2 liegen. Und Sie haben richtig gesehen. Diese Schutzzonen sind bereits massiv bebaut worden. Eigentlich dürfte es diese Bebauung nach dem Wortlaut des Gesetzes nicht geben bzw. müsste diese verschwinden. Insbesondere in der Schutzzone 2 liegen sehr viele Ferienimmobilien. Der spanische Gesetzgeber hat dafür jedoch eine (vorläufige) Lösung gefunden: Bereits im Küstenschutzgesetz aus dem Jahr 1988 hatte man eine Übergangsfrist von 30 Jahren verankert, in der bestehende Gebäude in der Schutzzone weiter zulässig bleiben. Diese Frist würde 2018 auslaufen. Dazu kommt es jedoch nicht, weil der Gesetzgeber mit der Überarbeitung des Küstenschutzgesetzes in 2013 die „Restnutzungsdauer" noch einmal üppig auf 75 Jahre verlängert hat. Für einige ausgewählte Regionen und einzelne Dörfer ist sogar ein unbefristeter Bestandsschutz gewährt worden. Die Überarbeitung des Küstenschutzgesetzes in 2013 ist also ein Kompromiss, der eigentlich keiner Seite richtig gerecht wird.

Hinzu kommt, dass auch nach Inkrafttreten des Gesetzes in 1988 weiter Baugenehmigungen erteilt und Schwarzbauten errichtet worden sind. Für spanische Gemeinden geht es dabei natürlich auch um Geld und Tourismus. Das möchte man sich nicht so einfach von der Regierung in Madrid aus der Hand nehmen lassen. Ob nach 1988 gesetzeswidrig errichtete Immobilien auch in den Genuss der üppig verlängerten Restnutzungsdauer von 75 Jahren kommen, ist unklar. Die Rechtsunsicherheiten sind auch durch die Überarbeitung des Gesetzes in 2013 nicht verschwunden.

Wenn man Ihnen eine Immobilie in der Zone 1 oder 2 zum Kauf anbietet, sollten Sie besonders vorsichtig sein. Auch wenn es eine Baugenehmigung gibt, müssen Sie damit rechnen, dass Sie diese Immobilie nur bis zum Ablauf der „Restnutzungsdauer" des Küstenschutzgesetzes wirklich als Eigentümer nutzen können. Danach fällt das Eigentum entschädigungslos an den spanischen Staat. Ob es eine weitere Verlängerung der „Restnutzungsdauer" geben wird und wie diese ggf. genau aussehen wird, steht in den Sternen. Wenn die Immobilie nach 1988 errichtet worden ist, müssen Sie damit rechnen, dass diese nicht einmal von der gesetzlichen „Restnutzungsdauer" des Küstenschutzgesetzes geschützt ist. Denn das Gesetz zielte (damals wie heute) nur auf den Schutz von bereits errichteten Immobilien ab. Diese Unsicherheiten sollten Sie beim Kauf einer solchen Immobilie unbedingt berücksichtigen.

Schwarzbauten kommen aber nicht nur an der Küste vor. Auch im Inland wirken sich Vollzugsdefizite bei der Anwendung der geltenden Gesetze durch die Behörden aus. Seien Sie daher auch bei solchen Immobilien wachsam und lassen Sie sich vor einem Kauf die Baugenehmigung („licencia de obra") zeigen. Besser noch: Lassen Sie die Baugenehmigung durch einen Fachmann prüfen. Denn es kommt leider auch vor, dass Behörden gesetzeswidrig Baugenehmigungen erteilen. Eine solche Baugenehmigung ist zwar besser als gar keine. Ob Sie sich am Ende des Tages jedoch erfolgreich auf Vertrauensschutz berufen können und wirklich vor Abrissverfügungen geschützt sind, wird Ihnen niemand verbindlich sagen können.

2. Der Kaufvertrag nach spanischem Recht

Wie oben bereits erwähnt, sind Sie beim Kauf einer Immobilie in Spanien mit spanischem Recht konfrontiert. Auch das Eigentumsrecht an spanischen Immobilien richtet sich ausschließlich und zwingend nach spanischem Recht.[23]

Beim Abschluss eines Kaufvertrages gibt es einen signifikanten Unterschied zum deutschen Recht: Für die Wirksamkeit ist **keine** notarielle Beurkundung erforderlich. Daher sind Sie bereits durch eine privatschriftliche Vereinbarung gebunden, auch wenn Sie diese verharmlosend als Vorvertrag deklarieren. Das ist eine wirklich gefährliche Falle für unbedarfte Käufer. Mitunter wird die Unwissenheit von deutschen Touristen durch Immobilienmakler oder gerissene Verkäufer ausgenutzt, um diese zu einer voreiligen Unterschrift unter einen privatschriftlichen Vertrag zu überreden.

Hinzu kommt, dass bei Abschluss des Vertrages nach den Gepflogenheiten in Spanien vom Käufer eine Anzahlung auf den Kaufpreis zu leisten ist, die bis zu 10% des Kaufpreises betragen kann. Vor diesem Hintergrund ist

---

[23] Juristen bezeichnen das als „lex rei sitae". Mit anderen Worten: Es ist die Rechtsordnung des Staates relevant in dem die Immobilie liegt.

es unbedingt zu empfehlen, vor der Unterzeichnung irgendeiner Vereinbarung (privatschriftlich oder notariell) und vor der Erbringung irgendeiner Zahlung eine umfassende Beratung durch einen fachkundigen und objektiven Berater in Anspruch zu nehmen. Denn es kommen weitere Aspekte hinzu, die vor einer rechtlichen Bindung bedacht werden müssen nach spanischem Recht:

Vor der Unterzeichnung verbindlicher Verträge ist sicher zu stellen, dass eine wirksame Baugenehmigung vorliegt, die das errichtete Gebäude abdeckt. Des Weiteren ist zu klären, ob die Immobilie aufgrund des Küstenschutzgesetzes abrissbedroht ist.[24] Schließlich sind dingliche Belastungen der Immobilie und eine Haftung für Erbschaftssteuern oder öffentliche Abgaben (Wertzuwachssteuern, Grundsteuern) zu klären.

Bei Eigentumswohnungen ist darüber hinaus zu klären, dass keine Zahlungsrückstände des Verkäufers für die Erhaltung des Gemeinschaftseigentums („elementos comunes") und für die Verwaltung aufgelaufen sind. Nach spanischem Recht haftet nämlich der Käufer für solche Rückstände für 3 Jahre rückwirkend!

Damit Ihre Rechte als Käufer optimal gesichert sind, sollten Sie sich von Ihrem Rechtsberater auch einen Kaufvertragsentwurf erstellen lassen. Die Erfahrung

---

[24] Zum Küstenschutzgesetz verweise ich auf die obigen Ausführungen unter Abschnitt C. II. 1.

lehrt, dass vom Verkäufer oder von Beratern des Verkäufers erstellte Vertragsentwürfe in der Regel nachteilig sind für den Käufer. Denn sie sind zumeist einseitig zugunsten des Verkäufers und zu Lasten des Käufers konstruiert.

Es ist natürlich auch ein verhandlungstaktischer Vorteil, wenn Sie bzw. Ihr Berater den Kaufvertragsentwurf vorlegen und nicht die Gegenseite. Denn dann muss die Gegenseite diesen analysieren und erklären, was ihr daran nicht passt. Wenn es umgekehrt läuft, sind Sie in der Pflicht, die unfairen Klauseln zu suchen und zu begründen, warum diese unfair sind und geändert werden müssen. Glauben Sie mir, dass das anstrengender und schwieriger ist, als selbst einen Entwurf vorzulegen und die Gegenseite „kommen zu lassen".

3. Warum überhaupt eine notarielle Beurkundung?

Sie werden sich als aufmerksamer Leser an dieser Stelle vielleicht fragen, warum überhaupt noch eine notarielle Beurkundung des Kaufvertrages („escritura pública de compraventa") erfolgen werden soll wenn bereits ein privatschriftlicher Vertrag rechtlich bindend ist nach spanischem Recht. Die Antwort auf diese berechtigte Frage fällt etwas differenzierter aus: Der Verkauf durch privatschriftlichen Vertrag ist **nicht** eintragungsfähig in das spanische Grundbuch („Registro de la Propiedad"). Das hat für Sie den Nachteil, dass die Gefahr besteht, dass der Verkäufer die Immobilie ein zweites Mal an jemand anderen verkauft, der dann wirksam in das „Registro de la Propiedad" eingetragen werden kann. Der Verkäufer würde sich dadurch zwar schadensersatzpflichtig machen aus dem privatschriftlichen Vertrag mit Ihnen. Aber die Immobilie wäre erst mal weg und für Sie nicht mehr zu haben.

Darüber hinaus hätten Sie später beim Verkauf der Immobilie ein Problem, weil Sie dem Erwerber nicht ohne Weiteres Ihre Eigentümerstellung nachweisen können. Wie Sie sehen, haben Sie nur Nachteile, wenn Sie auf eine notarielle Beurkundung des Kaufvertrages verzichten. Sie sollten daher als Käufer darauf drängen und durch eine gute Organisation der Abläufe sicherstellen, dass eine notarielle Beurkundung möglichst zeitnah zum Abschluss des privatschriftlichen Kaufvertrages erfolgt. Darüber hinaus müssen Sie sicherstellen, dass die bei Abschluss eines privatschriftlichen Kaufvertrages nach spanischen Gepflogenheiten vom Käufer zu leistende Anzahlung nach Möglichkeit nicht ungesichert in die Tasche des Verkäufers wandert. Das ist ein Grund mehr, die notarielle Beurkundung des Kaufvertrages so zu organisieren, dass diese möglichst unmittelbar nach Abschluss des privatschriftlichen Kaufvertrages erfolgt. Denkbar ist auch, auf einen privatschriftlichen Kaufvertrag zu verzichten und nur einen notariellen Kaufvertrag zu schließen.

Die notarielle Beurkundung hat einen weiteren Vorteil für Sie: Die Notar ist verpflichtet, den notariellen Kaufvertrag unmittelbar nach der Beurkundung bei der spanischen Grundbuchstelle vorzulegen („Registro de la Propiedad"). Diese fertigt über die Vorlage einen Vermerk, der die Wirkung einer Vormerkung für die Eintragung des Käufers als neuen Eigentümer hat. Diese Rechtswirkung sichert den Käufer grundsätzlich bis zu seiner Eintragung in das Grundbuch ab. Allerdings bleibt diese Wirkung nur für 60 Tage bestehen und nicht unbefristet wie bei einer Eintragung einer Vormerkung im deutschen Grundbuch.

Unmittelbar nach der Beurkundung sollten Sie sich um die Bezahlung der Grunderwerbsteuer kümmern. Denn Ihre Eintragung als neuer Eigentümer im spanischen Grundbuch kann erst nach Vorlage eines Nachweises über die Bezahlung der Grunderwerbssteuer erfolgen.

Bei all diesen Dingen sollte Sie der spanische Rechtsanwalt unterstützen, der auch den Kaufvertrag entworfen und die rechtliche Prüfung der Immobilie (Baugenehmigung, Eigentumsverhältnisse, Belastungen etc.) begleitet hat.

4. Das spanische Grundbuch („Registro de la Propiedad")

Das spanische Grundbuch („Registro de la Propiedad") ist ähnlich wie das Grundbuch in Deutschland mit öffentlichem Glauben ausgestattet und bietet Gewähr dafür, dass der Käufer von dem im Grundbuch als Eigentümer eingetragenen Verkäufer wirksam Eigentum erwerben kann. Der Käufer kann sich also auf den Inhalt des Grundbuches verlassen und braucht keine Nachforschungen anzustellen, ob der Verkäufer wirklich der Eigentümer ist. Ein Unterschied zur Rechtslage in Deutschland besteht darin, dass Eigentum an Immobilien auch ohne Umschreibung im Grundbuch durch Kaufvertrag übertragen werden kann. In Deutschland wird der Erwerber hingegen erst mit der Eintragung im Grundbuch Eigentümer.

Gleichwohl sollte man auch in Spanien ausnahmslos darauf bestehen, als neuer Eigentümer im „Registro de la Propiedad" eingetragen zu werden. Das ist schon deshalb dringend zu empfehlen, weil so verhindert wird, dass der Verkäufer die Immobilie ein zweites Mal verkauft an jemanden, der dann im „Registro de la Propiedad" eingetragen wird. In einem solchen Fall hat der Erstkäufer das Nachsehen wenn er auf die Eintragung verzichtet hat. Darüber hinaus holt einen das Problem einer fehlenden Eintragung spätestens beim Verkauf der Immobilie ein, weil es schwierig wird, dem Erwerber dann die Eigentümerstellung nachzuweisen. Faktisch führt also kein Weg an einer notariellen Beurkundung des Kaufvertrages durch einen spanischen Notar (= Voraussetzung für die Eintragung) und an der Eintragung im „Registro de la Propiedad" vorbei.

Darüber hinaus ist das „Registro de la Propiedad" (ähnlich wie das Grundbuch in Deutschland) eine interessante und wichtige Informationsquelle, die Sie in jedem Fall auswerten müssen. Bei einer Eigentumswohnung können Sie auch die Teilungserklärung aus diesem Register ersehen. Denn diese ist in das „Registro de la Propiedad" eingetragen. Somit können Sie genau nachvollziehen, was Sie eigentlich kaufen. Denn bei einer Eigentumswohnung definiert die Teilungserklärung die Grenze zwischen Gemeinschaftseigentum und Sondereigentum. Sie sollten daher frühzeitig dafür sorgen, dass Sie einen aktuellen Auszug erhalten, damit Sie alle Eintragungen in Ruhe studieren können. Lassen Sie sich erforderlichenfalls Übersetzungen anfertigen wenn Ihre Kenntnisse der spanischen Sprache nicht ausreichend sind. Das ist gut angelegtes Geld. Denn Sie sollten genau wissen, was Sie eigentlich kaufen und wie die Rechtsverhältnisse sind.

5. Rolle des spanischen Notars

Wer die Praxis beim Immobilienkauf in Deutschland kennt, wird sich über die Rolle des Notars in Spanien zunächst wundern. Denn der spanische Notar macht nicht mehr als die blanke Beurkundung. Er übernimmt **keine** Treuhandfunktion bei der Abwicklung der Zahlung des Kaufpreises und der Eintragung des Käufers im Grundbuch oder bei der Löschung von dinglichen Belastungen. Um alle diese Dinge muss sich der Käufer in Spanien leider selbst kümmern. Da man dafür jedoch hinreichende Sprachkenntnisse und Fachkenntnisse benötigt, werden in Spanien in aller Regel zusätzlich zum Notar Rechtsanwälte eingeschaltet, die die Abwicklung des Kaufvertrages organisieren und überwachen. Da man ohnehin um die Einschaltung eines spanischen Rechtsanwaltes kaum herumkommt, ist es sinnvoll, diesen frühzeitig einzuschalten, damit er auch die Prüfung der Unterlagen und die Erstellung eines für den Käufer vorteilhaften Kaufvertragsentwurfes erledigen kann.

Wichtig ist dabei, dass Sie nicht irgendeinen Rechtsanwalt einschalten. Sie sollten einen auf spanisches Immobilienrecht spezialisierten Rechtsanwalt wählen. Auf keinen Fall sollten Sie einen Rechtsanwalt wählen, der Ihnen vom Verkäufer oder von seinem Immobilienmakler empfohlen wird. Hier wäre die Gefahr einer Interessenkollision zu groß. Ein solcher Anwalt wird stets mit einem Bein im Lager des Verkäufers oder des Immobilienmaklers stehen und daher keine Gewähr eine objektive Beratung bieten. Denn die Empfehlung durch den Verkäufer oder den Makler des Verkäufers erfolgt in der Regel auf der Grundlage einer langjährigen Zusammenarbeit mit der Erwartung, dass man sich gegenseitig unterstützt und nicht schadet. Daher befindet sich ein solcher Rechtsanwalt stets im Interessenkonflikt.

Aus den gleichen Erwägungen sollten Sie keinen bautechnischen Berater oder Übersetzer mandatieren, der vom Verkäufer oder von seinem Immobilienmakler empfohlen wurde. Es ist schon vorgekommen, dass Übersetzer „vergessen" haben, die entscheidenden Passagen eines Vertrages oder einer wichtigen Belehrung des Notars zu übersetzen.

6. Das spanische Modell der Eigentumswohnung

Möglicherweise haben Sie bereits eine Eigentumswohnung in Deutschland gekauft und kennen daher die Grundlagen. In Spanien ist das Wohnungseigentumsrecht ähnlich ausgestaltet. Die Regelungen sind im spanischen Wohnungseigentumsgesetz (*"Ley sobre propiedad horizontal"*) geregelt.

Allerdings gibt es einige signifikante Unterschiede. Zur Vermeidung von Missverständnissen und gefährlichen Irrtümern empfehle ich Ihnen daher, sich zunächst von der Vorstellung zu verabschieden, dass in Spanien alles identisch geregelt sein muss wie in Deutschland. Eine solche (vielleicht auch unbewusst gehegte) Erwartung führt häufig zu gefährlichen Fehlvorstellungen.

Ähnlich wie in Deutschland dient das spanische Wohnungseigentumsrecht dazu, eine Kombination aus Gemeinschaftseigentum an einem Grundstück und Gebäude („elementos comunes") mit Sondereigentum („derecho singular y exclusivo") an bestimmten Räumen eines Gebäudes zu ermöglichen. Das ist das grundlegende Konzept beider Rechtsordnungen. Der Anteil der Eigentumswohnungen am Gemeinschaftseigentum wird mit einem Prozentsatz ausgedrückt. Der Prozentsatz bestimmt den Anteil der Eigentumswohnung an den Kosten der Erhaltung des Gemeinschaftseigentums sowie das

Stimmgewicht des Eigentümers bei Abstimmungen in der Eigentümerversammlung.

Aus deutscher Sicht erstaunlich ist, dass das spanische Wohnungseigentumsrecht nicht nur auf einzelne Gebäude angewendet wird, sondern auf ganze Häuserzeilen und sogar komplette Wohnsiedlungen (sogenannte Urbanisationen).[25] Diese Information ist deshalb wichtig, weil Sie selbst beim Kauf eines freistehenden Einfamilienhauses oder einer Doppelhaushälfte in einer Wohnsiedlung damit rechnen müssen, dass Sie es mit einer - dann allerdings sehr großen - Eigentümergemeinschaft („comunidad de propietarios") zu tun bekommen. Außerdem können sich in einem solchen Fall die Kosten der Erhaltung des Gemeinschaftseigentums auch auf Straßen und Wege (einschließlich Beleuchtung) sowie Ver- und Entsorgungsleitungen innerhalb einer Siedlung erstrecken. Es liegt auf der Hand, dass sich daraus deutlich höhere Nebenkosten für die Instandhaltung ergeben können.

a) Teilungserklärung („título constitutivo")

Sehr wichtig für die Abgrenzung von Sondereigentum und Gemeinschaftseigentum ist die Teilungserklärung, die in Spanien "título constitutivo" genannt wird. In diesem Dokument wird genau definiert, welche Teile des Gebäudes ein Wohnungseigentümer als exklusives Son-

---

[25] Das ist in Artikel 2 Ley sobre propiedad horizontal geregelt.

dereigentum erwirbt und welche Teile Gemeinschaftseigentum sind. Die Teilungserklärung wird im spanischen Grundbuch („Registro de la Propiedad") eingetragen. Daher wird ein Grundbuchauszug bereits profunde Informationen zu Tage fördern. Bestehen Sie darauf, dass Sie bereits zu Beginn der Verhandlungen einen Grundbuchauszug erhalten und genug Zeit haben, die Eintragungen genauestens zu studieren und erforderlichenfalls übersetzen zu lassen wenn Ihre Kenntnisse der spanischen Sprache nicht ausreichend sind.

Beim Lesen dieses Dokumentes dürfen Sie sich nicht auf die Passagen mit Regelungen zu der Eigentumswohnung beschränken. Sie müssen auch die Regelungen mit der Definition des Gemeinschaftseigentums genau studieren. Denn es gibt mitunter böse Fallen bei der Definition des Gemeinschaftseigentums. Wenn z.B. ein Pool oder ein Tennisplatz einer Wohnungseigentumsanlage **nicht** als Gemeinschaftseigentum in der Teilungserklärung ausgewiesen wird, dann müssen Sie damit rechnen, dass der Bauträger oder Projektentwickler sich daran Sondereigentum vorbehalten hat und Sie für die Nutzung später laufend zur Kasse gebeten werden. Das kann die Nebenkosten erheblich in die Höhe treiben und im Endeffekt den Wert der Eigentumswohnung mindern. Ein solcher Umstand sollte daher beim Kauf einer Eigentumswohnung eingepreist werden. Die Gefahr einer für den einzelnen Eigentümer nachteiligen Konstruktion der Teilungserklärung liegt auch darin begründet, dass diese in der Regel zu einem Zeitpunkt aufgesetzt wird, zu dem der Bauträger noch Alleineigentümer des Grundstückes ist. Es gibt daher noch keine Wohnungseigentümer, die dem Text zustimmen müssten. Daher kann der Bauträger die Teilungserklärung so ausgestalten wie er möchte und sich dabei Vorteile sichern. Das geschieht in der Praxis auch häufig.

Sie können nicht darauf vertrauen, dass der Immobilienmakler Sie genau informieren und beraten wird zu diesen Themen. Oftmals weiß der Makler nicht genau Bescheid oder er steckt mit dem Bauträger unter einer Decke und informiert Sie bewusst nicht über die nachteilige Grenzziehung zwischen Sondereigentum und Gemeinschaftseigentum. Sie müssen sich selbst ein Bild von der Rechtslage machen. Wenn Sie selbst nicht über die notwendige Expertise verfügen, müssen Sie dazu einen Fachmann einschalten. Daran führt kein Weg vorbei wenn Sie auf der sicheren Seite sein und böse Überraschungen vermeiden wollen.

b) Gemeinschaftsordnung

Eigentümergemeinschaften können eine Satzung verabschieden, die grundlegende Dinge regelt und auch Abweichungen vom gesetzlichen Leitbild beinhalten kann. Die Satzung ist vergleichbar mit der Gemeinschaftsordnung nach deutschem Wohnungseigentumsrecht. Eine Satzung kann nur einstimmig geändert werden. Der Inhalt einer Satzung kann eine erhebliche Schwächung der Position des einzelnen Eigentümers enthalten. Häufig dienen solche Schwächungen der Position der Eigentümer dazu, den Projektwicklern oder Bauträgern der Anlage langfristigen Einfluss und zusätzliche Einnahmequellen zu sichern. Sie sollten daher in jedem Fall den Text der Satzung genauestens prüfen oder (falls Ihnen dazu die erforderlichen Sprach- und Fachkenntnisse fehlen) durch einen Fachmann prüfen lassen. Das ist eine unverzichtbare Pflichtübung und keine Kür beim Kauf einer Eigentumswohnung in Spanien. In diesem Zusammenhang erinnere ich noch einmal daran, dass auch beim Kauf eines freistehenden Hauses, eines Reihenhauses oder einer Doppelhaushälfte in einer Wohnsiedlung spanisches Wohnungseigentumsrecht zur Anwendung kommen kann.[26]

Typische und für Sie als Erwerber wichtige Regelungen in Satzungen sind z.B. die kurzfristige Vermietbarkeit einer Eigentumswohnung an Touristen. Wenn diese ausgeschlossen ist, dann können Sie die Wohnung nur selbst nutzen und während Ihrer Abwesenheit nicht an Touristen vermieten. Es liegt auf der Hand, dass eine solche Ferienimmobilie als Kapitalanlage zur Erzielung von Einnahmen eher ungeeignet ist. Darüber hinaus können Satzungen Regelungen zur gewerblichen Nutzung enthalten und diese ausdrücklich zulassen oder ausschließen.

Das spanische Wohnungseigentumsgesetz sieht ähnliche Funktionsträger vor wie das deutsche Recht. Aller-

---

[26] Das ist in Artikel 2 Ley sobre propiedad horizontal geregelt.

dings gibt es einige Abweichungen und die Zuständigkeiten und Kompetenzen sind nicht deckungsgleich.

c) Der Präsident („el presidente")

Jeder Eigentümer einer Wohnungseigentümergemeinschaft kann zum Präsidenten der Gemeinschaft gewählt werden. Der Präsident hat eine ähnliche Stellung wie der Verwalter nach deutschem Recht und die folgenden Kompetenzen und Aufgaben:

- Einberufung und Leitung der Eigentümerversammlungen
- Gerichtliche und außergerichtliche Vertretung der Eigentümergemeinschaft
- Darüber hinaus die Aufgaben des Sekretärs (wenn dafür keine weitere Person bestellt ist – Die Aufgaben des Sekretärs werden weiter unten beschrieben.)

Das spanische Modell der Eigentümergemeinschaft fußt also auf dem Grundsatz der Eigenverwaltung durch die Eigentümer. Das ist eine durchaus sinnvolle Abweichung vom deutschen Modell, in dem die gerichtliche und außergerichtliche Vertretung der Gemeinschaft und die Organisation der Eigentümerversammlungen nahezu ausnahmslos in der Hand eines professionellen Fremdverwalters liegt, der nicht zwingend aus dem Kreise der Eigentümer stammen muss und im Normalfall auch kein Eigentümer ist. Wie immer, steht und fällt der Erfolg mit der charakterlichen und fachlichen Eignung und dem Engagement des Verwalters. Insofern ist auch der Um-

stand, dass in Spanien der Verwalter („el presidente")
zwingend aus dem Kreis der Eigentümer stammen muss,
kein Garant dafür, dass es rund läuft und der Verwalter
keine Eigeninteressen verfolgt.

d) Sekretär der Eigentümergemeinschaft

Der Sekretär wird ebenfalls aus dem Kreis der Eigentümer gewählt. Seine wesentlichen Aufgaben und Kompetenzen sind die folgenden:

- Protokollierung der Eigentümerversammlungen
- Rechnungslegung im Hinblick auf Einnahmen und
  Ausgaben der Eigentümergemeinschaft

Diese Regelung führt im Ergebnis zu einem Vier-
Augen-Prinzip, weil die Aufgaben auf zwei Personen ver-
teilt werden, die nach deutschem Wohnungseigentumsrecht vollumfänglich in der Hand des Verwalters liegen.
Daher kann es hilfreich sein, wenn ein Sekretär bestellt
ist.

e) Eigentümerversammlung („junta de propietarios")

Genau wie im deutschen Recht steht der Eigentümerversammlung als „Parlament" der Gemeinschaft das
Recht der Entscheidung über maßgebliche Weichenstellungen zu. Hier gilt prinzipiell das Mehrheitsprinzip. Das
bedeutet, dass man eine Mehrheit organisieren muss
wenn man etwas durchsetzen oder verhindern will. Inso-

fern ist der Vergleich mit einem Parlament durchaus treffend. Hier liegt häufig das Problem bei großen Eigentümergemeinschaften. Als einzelner neu hinzugekommener Eigentümer haben Sie wenig Einfluss und müssen in aller Regel akzeptieren, was alteingesessene Mehrheiten beschließen. Häufig haben sich Projektentwickler einer großen Wohnungseigentumsanlage oder einer Urbanisation langfristig beherrschenden Einfluss gesichert und schalten und walten mitunter selbstherrlich zu ihrem eigenen Vorteil. Das geschieht in der Regel dadurch, dass die Kaufverträge beim ersten Verkauf der Immobilie eine Bevollmächtigung des Projektentwicklers oder Bauträgers vorsehen, das Stimmrecht des Eigentümers in der Eigentümerversammlung auszuüben wenn dieser selbst nicht daran teilnimmt. Das führt faktisch zu einer „Betonmehrheit" des Bauträgers oder Projektentwicklers in den Versammlungen.

Jeder Eigentümer hat das Recht zur Teilnahme an der Eigentümerversammlung. Er kann auch einen bevollmächtigten Vertreter schicken. Jeder Eigentümer hat zudem das Recht, in Unterlagen der Verwaltung Einsicht zu nehmen.

Ähnlich wie in Deutschland ist auch in Spanien in 2013 gesetzlich etwas getan worden, um das Erfordernis der Einstimmigkeit bei baulichen Veränderungen am Gemeinschaftseigentum einzuschränken. Bei notwendigen Arbeiten und insbesondere bei der Installation von Anlagen zur Erzeugung erneuerbarer Energien ist das Einstimmigkeitserfordernis in Spanien durch geringere

Anforderungen an die Zustimmungsquote ersetzt worden.[27] So soll verhindert werden, dass einzelne Querulanten in einer Eigentümergemeinschaft sinnvolle und notwendige bauliche Veränderungen boykottierten und verhindern können.

Wenn Sie bereits im Vorfeld herausfinden wollen, wie die Frontlinien in einer Eigentümergemeinschaft verlaufen und was auf Sie zukommen würde, sollten Sie sich vom Verkäufer die Protokolle der Eigentümerversammlung geben lassen. Daraus können Sie eine Menge Informationen ziehen. Es ist natürlich mit Aufwand verbunden, diese Protokolle durchzuarbeiten. Insbesondere wenn diese in spanischer Sprache abgefasst sind. Aber diese Arbeit ist gut investiert. Denn häufig tauchen in den Protokollen Themen auf, die Verkäufer lieber verschweigen wie z.B. Instandhaltungsrückstau und größere Instandsetzungsmaßnahmen und die dafür veranschlagten Kosten. Verzichten Sie daher auf keinen Fall auf eine Kopie sämtlicher Protokolle für die letzten 5 (besser 10) Jahre.

---

[27] Das ist in Artikel 17 Ley sobre propiedad horizontal geregelt.

7. Das Modell der Urbanisation

Ich habe es bereits in dem vorhergehenden Abschnitt angesprochen, dass es in Spanien Urbanisationen gibt, auf die das Wohnungseigentumsrecht angewendet wird.

Was aber genau ist denn nun eine Urbanisation? Dabei handelt es sich um ein Areal mit sehr vielen (in der Regel) identisch ausgestalteten Häusern, Doppelhaushälften oder Bungalows. Diese sind meistens von einem großen Bauträger entwickelt worden, der die Ferienhäuser an verschiedene Privatpersonen verkauft hat. Häufig werden solche Urbanisationen nahezu ausschließlich von Touristen bewohnt. Das bedeutet, dass diese außerhalb der Saison etwas ausgestorben wirken können.

Rechtlich besteht die Besonderheit darin, dass die Erwerber einer Ferienimmobilie in der Urbanisation kein Alleineigentum an einem abgegrenzten Grundstück erwerben, sondern nur einen Anteil Gemeinschaftseigentum an Grund und Boden der gesamten Urbanisation. Das bezieht sich auch auf die Straßen und Wege und auf Ver- und Entsorgungsleitungen innerhalb der Urbanisation, die nicht in öffentlicher Hand sind, sondern privat von der Urbanisation errichtet wurden und instandgehalten werden. Das hat gravierende Auswirkungen auf die Nebenkosten in Form von Instandhaltungskosten und laufenden Betriebskosten (z.B. Strom für Straßenlaternen). Das bedeutet auch, dass der Käufer es mit einer Verwaltung der Urbanisation zu tun bekommt, die die

Erhaltung des Gemeinschaftseigentums organisiert und jedem Eigentümer dafür Kostenumlagen „aufs Auge drückt". Darin steckt ein nicht zu unterschätzendes Risiko. Denn aufgrund der Weichenstellungen in der Teilungserklärung und in der Satzung der Urbanisation hat sich der Projektentwickler häufig zu Lasten der Eigentümer langfristigen Einfluss gesichert.

Es kommt auch vor, dass der Projektentwickler selbst langfristig die Verwaltung übernimmt und sich Generalvollmachten von den Eigentümern bereits beim Abverkauf der Immobilien geben lässt, die ein „Durchregieren" gegen die anderen Eigentümer ermöglichen. Dieser Einfluss kann dazu missbraucht werden, bei der Instandhaltung des Gemeinschaftseigentums (Straßen, Wege, Beleuchtung, Ver- und Entsorgungsleitungen, Sportanlagen, Swimming-Pools etc.) zusätzlich zu verdienen.

Sie können sich vorstellen, dass Sie als einzelner Eigentümer einer Ferienimmobilie in einer Urbanisation mit beispielsweise 500 Häusern absolut machtlos gegen die Verwaltung sind. Viele geschädigte Käufer haben schon vor Ihnen die schmerzliche Erfahrung gemacht, gegen eine professionell organisierte und langfristige „Abzocke" durch die Verwaltung machtlos zu sein. Glauben Sie mir, dass das die Freude an einer Ferienimmobilie massiv trüben kann. Überlegen Sie sich daher gut, ob Sie sich auf einen solchen Immobilientyp einlassen wollen und prüfen Sie zuvor sehr gründlich die zugrundeliegenden Unterlagen, die die Machtarchitektur in einer solchen Urbanisation entscheidend prägen.

In diesem Zusammenhang verweise ich noch einmal darauf, dass in der Satzung einer Urbanisation geregelt sein kann, dass eine kurzfristige touristische Vermietung der Ferienimmobilien zulässig oder ausgeschlossen ist. Auch das ist für Sie ein sehr wichtiger Punkt.

Wenn Sie die Ferienimmobilie ausschließlich selbst nutzen wollen, dann wäre es für Sie vorteilhaft, wenn eine kurzfristige touristische Vermietung ausgeschlossen ist. Denn eine solche bringt mehr Lärm und eine wenig ansprechende Anonymität in die Anlage. Wenn Sie die Immobilien hingegen in erster Linie als Kapitalanlage zur touristischen Vermietung nutzen wollen, dann ist ein Ausschluss dieser Nutzungsmöglichkeit in der Satzung fatal.

8. Der Immobilienmakler ("agente inmobiliario")

Als Immobilieninteressent werden Sie relativ schnell auf Angebote von spanischen Immobilienmaklern stoßen. Dabei werden Sie sich natürlich fragen, was Sie von Maklern in Spanien an Leistungen erwarten dürfen und welche Kosten auf Sie zukommen. Bei Immobilienmaklern in Spanien gilt ähnliches wie in Deutschland: Praktisch kann sich jeder als Makler betätigen. Es bedarf keiner Ausbildung und keines Sachkundenachweises für die Zulassung. Daher gibt es in Spanien leider nicht weniger unseriöse Makler als in Deutschland. Gerade als Ausländer sollten Sie besonders vorsichtig sein bei der Auswahl und Beauftragung eines Maklers. Denn unseriöse Makler nutzen mitunter die Unwissenheit von ausländischen Immobilienkäufern aus. Die Bezeichnung „API-Makler" bietet keine Garantie für die Seriosität. Sie dokumentiert nur, dass der Makler bei einer Dachorganisation registriert ist.

a) Deutsches Maklerrecht oder spanisches Maklerrecht

Vorweg stellt sich die Frage, ob deutsches oder spanisches Recht anwendbar ist. Das mag Ihnen wunderlich erscheinen, ist aber tatsächlich eine praktisch relevante Fragestellung. Das Maklerrecht ist (anders als z.B. das Immobilien betreffende Sachenrecht) nicht an den Belegenheitsort der Immobilie gebunden. Entscheidend ist vielmehr die Anknüpfung an die Maklerleistung selbst. Wird diese z.B. von einem in Spanien ansässigen Immobilienmakler gezielt über eine deutschsprachige Internetseite auf einer deutschen Domain an deutsche Kunden adressiert, dann wäre für den Maklervertrag nicht spanisches sondern deutsches Maklerrecht einschlägig. Das deutsche Recht ist deshalb anwendbar, weil der Makler in diesem Fall seine Tätigkeit gezielt auf deutsche Kunden in Deutschland ausgerichtet hat.

Nehmen wir einen anderen Fall: Sie sprechen die spanische Sprache gut und stoßen in einer spanischsprachigen Zeitung auf eine spanischsprachige Anzeige eines spanischen Immobilienmaklers für eine in Spanien gelegene Immobilie. In einem solchen Fall ist eindeutig spanisches Maklerrecht einschlägig. Das gilt auch dann, wenn Sie deutscher Staatsbürger sind und Ihren ausschließlichen Wohnsitz in Deutschland haben.

Die Einordnung wird dann komplizierter, wenn die Tätigkeit des Maklers nicht mehr eindeutig auf deutsche Kundschaft ausgerichtet ist. Wenn z.B. ein spanischer Makler in einem sowohl von deutschen als auch von spanischen Touristen frequentierten Urlaubsort im Schaufenster seines Ladenlokals zweisprachig (spanisch und deutsch) abgefasste Immobilienangebote aushängt und auch in beiden Sprachen korrespondiert und ansprechbar ist, dann bedarf es zusätzlicher Anknüpfungspunkte für die Entscheidung, ob spanisches oder deutsches Maklerrecht einschlägig ist. In einem solchen Fall empfehle ich Ihnen, mit dem Makler darüber eine klare Vereinbarung zu treffen, ob deutsches oder spanisches Maklerrecht einschlägig sein soll. So weiß jede Seite woran sie ist. In den nachfolgenden Abschnitten stelle ich Ihnen zur Orientierung die praxisrelevanten Grundlagen des deutschen und des spanischen Maklerrechtes dar.

b) Deutsches Immobilienmaklerrecht

Die Hintergründe und Zusammenhänge des deutschen Immobilienmaklerrechtes stellen sich wie folgt dar:

Der Immobilienmakler hat dann Anspruch auf eine Maklerprovision, wenn der Kaufvertrag durch seinen Nachweis oder durch seine Vermittlung wirksam zustande kommt. Da ein Kaufvertrag über Immobilien nach deutschem Recht der notariellen Beurkundung bedarf, kann der Provisionsanspruch somit erst mit notarieller Beurkundung des Kaufvertrages entstehen. Nach spanischem Recht ist aber auch ein privatschriftlicher Kaufvertrag wirksam. Daher empfehle ich dringend, darauf zu achten, dass eine Maklerprovision eines spanischen Maklers (auch bei Vereinbarung deutschen Rechts im Vertrag) keinesfalls vor Abschluss eines notariellen Kaufvertrages fällig wird. Noch besser ist es, die Fälligkeit der Maklerprovision an die Eintragung des Käufers in das spanische Grundbuch („Registro de la Propiedad") zu koppeln. Dann sind Sie auf der sicheren Seite und verhindern, dass Sie eine Maklerprovision zum Fenster hinauswerfen ohne am Ende des Tages wasserdicht dokumentiert Eigentümer der Immobilie zu werden.

Nicht selten drängen Makler darauf, den Provisionsanspruch in den privatschriftlichen oder notariellen Kaufvertrag aufzunehmen. Davon ist jedoch abzuraten, da das die Notargebühren erhöht und darüber hinaus spätere Einwendungen gegen die Wirksamkeit des Provisionsanspruches abschneidet. Dafür besteht auch keine Notwendigkeit, weil der Provisionsanspruch des Maklers im Maklervertrag geregelt ist. Daher sollten Sie einen solchen Vorschlag des Maklers mit diesen Argumenten ablehnen.

c) Spanisches Immobilienmaklerrecht

Der Maklervertrag nach spanischem Recht kann sehr unterschiedlich ausgestaltet werden. Es gibt erheblichen Spielraum.

Der gebräuchlichste Typus eines Maklervertrages sieht (genau wie im deutschen Recht) vor, dass eine Maklerprovision nur im Falle des Abschlusses eines Kaufvertrages zu zahlen ist. Hierbei ist darauf zu achten, dass eine Provisionszahlung erst dann fällig wird, wenn ein notarieller Kaufvertrag geschlossen und der Käufer als neuer Eigentümer in das spanische Grundbuch („Registro de la Propiedad") eingetragen worden ist.

Davon abweichend kann auch geregelt werden, dass Bemühungen des Maklers auch dann zu vergüten sind, wenn es nicht zum Abschluss eines Kaufvertrages kommt. Von solchen Klauseln würde ich Ihnen abraten. Sie sind intransparent und setzen Sie auch dann einem

Kostenrisiko aus, wenn der Makler nicht erfolgreich arbeitet und Ihnen keine geeignete Immobilie nachweist oder vermittelt.

In jedem Fall sollte im Maklervertrag ausdrücklich die Höhe der Provision geregelt sein (inklusive Umsatzsteuer – „IVA") sowie die exakten Fälligkeitsvoraussetzungen. Darüber hinaus empfehle ich eine klarstellende Regelung, dass **kein** Aufwandsersatz gezahlt wird.

Wie oben erwähnt, gibt es in Spanien die Gepflogenheit, dass der Käufer bei Abschluss eines privatschriftlichen Kaufvertrages eine Anzahlung in Höhe von 10% des Kaufpreises zu leisten hat. Ich rate dringend davon ab, das Geld über den Makler fließen zu lassen. Manche Maklerverträge sehen solche Regelungen vor. Es gibt jedoch keinen sachlichen Grund dafür, Kaufpreiszahlungen über Konten des Maklers oder gar in bar über den Makler abzuwickeln.

Mitunter wollen Immobilienmakler sich eine Vollmacht zum Abschluss eines privatschriftlichen Kaufvertrages erteilen lassen. Davon ist strikt abzuraten. Der Makler ist nicht neutral da er ein Eigeninteresse am Abschluss des Vertrages hat. Der Abschluss und die Gestaltung eines Kaufvertrags gehören nicht in die Hände eines Immobilienmaklers. Dafür sollten Sie einen Rechtsanwalt einschalten. Den Vertrag unterschreiben am Ende des Tages nur Sie allein. Sie müssen bis zum Abschluss volle Kontrolle über das Geschehen haben. Das haben Sie aber nur wenn Sie keine Vollmachten erteilen.

Die Höhe der Maklerprovision beträgt in Spanien zwischen 3 und 7% des Kaufpreises. Grundsätzlich schuldet die Vertragspartei dem Makler die Provision, die mit ihm den Vertrag geschlossen hat. Dabei ist nicht ausgeschlossen, dass der Makler mit beiden Parteien einen Vertrag schließt. Das gilt sowohl für das deutsche Recht als auch für das spanische Recht. Sie sollten daher frühzeitig klarstellen, dass Sie als Käufer keine Provision zahlen möchten oder allenfalls eine hälftige Provision. Da derzeit in Spanien ein Käufermarkt herrscht, dürften Sie eine gute Verhandlungsposition haben, um eine derartige Regelung durchzusetzen. Dabei dürfte Ihnen auch der Umstand helfen, dass in Spanien die Maklerprovision üblicherweise vom Verkäufer gezahlt wird.[28] Darauf sollten Sie sich in den Verhandlungen mit dem Makler berufen.

Ich rate Ihnen auch deshalb, mit dem Makler eine klare Vereinbarung zu treffen, weil es in Spanien üblich ist, dass ein und dieselbe Immobilie von mehreren Maklern vermarktet wird. Makler-Alleinaufträge des Verkäufers sind dort weniger verbreitet als in Deutschland. Sie laufen daher Gefahr, als Käufer von mehreren Immobilienmaklern auf Zahlung einer Provision in Anspruch genommen zu werden wenn Sie diese von mehreren Maklern nachgewiesen bekommen. Wenn Sie hingegen mit

---

[28] Ich verweise dazu auf einen Artikel in der Mallorca Zeitung vom 31.08.2015, den Sie unter dem folgenden Kurzlink finden: https://goo.gl/HYVx8h

allen Maklern eine klare Vereinbarung getroffen haben, dass Sie als Käufer keine Provision zahlen, dann sind Sie dadurch auch gegen eine mehrfache Inanspruchnahme geschützt.

d) Empfehlungen zum Umgang mit Immobilienmaklern

Wenn Sie feststellen, dass Sie bei der Objektsuche nicht um einen Makler herumkommen, dann können Sie aus der Not eine Tugend machen und den Makler gezielt einschalten, um diesen mit der Suche nach einem bestimmten Objekt zu beauftragen. Der Vorteil dabei ist, dass Sie die Konditionen des Maklervertrages von Anfang an verhandeln und beeinflussen können und dem Makler darüber hinaus genaue Kriterien an die Hand geben können, damit dieser Ihnen gezielt die passenden Angebote anträgt. Eine solche Vorgehensweise kann auch dazu führen, dass der Makler Sie bei Eingang eines passenden Angebotes vorab kontaktiert und Sie somit früher als andere Immobilien-interessenten das Angebot prüfen können. Da Sie den Makler nur im Erfolgsfall bezahlen müssen (es sei denn, der Vertrag sieht etwas anderes vor), kostet Sie die Einschaltung von Maklern mit einem Suchauftrag auch so lange nichts, wie der Makler Ihnen kein geeignetes Objekt nachweist und Sie keinen Kaufvertrag abschließen.

Die große Kunst beim gelungenen Immobilienerwerb besteht auch in dem richtigen Timing, d.h. zur richtigen Zeit am richtigen Ort zu sein, um gezielt zugreifen zu können. Gute Angebote sprechen sich natürlich schnell herum und dann sind Sie nicht der einzige, so dass der Preis von mehreren Interessenten in die Höhe getrieben werden kann oder das Objekt bereits verkauft ist, wenn Sie erstmals davon erfahren. In diesem Zusammenhang kann es auch einen taktischen Vorteil bringen, einen Makler mit einem Vermittlungsauftrag einzuschalten, um den entscheidenden zeitlichen Vorsprung zu gewinnen.

Hierbei ist auch wichtig, dass Sie mit den richtigen Immobilienmaklern in Kontakt kommen. Ein schlecht verdrahteter Makler mit wenigen Immobilien im Vermittlungsbestand wird natürlich eher die Tendenz entwickeln, Ihnen die wenigen verfügbaren Immobilien schön zu reden als ein Makler, der ein breit gefächertes Angebot hat. Hier können Sie durch ein bestimmtes Auftreten und durch die Mitteilung eines möglichst exakten Suchprofils dem Makler helfen, Sie zum richtigen Objekt zu führen. Gleichzeitig können Sie durch die Reaktion des Maklers auf die Mitteilung Ihres Suchprofils interessante Rückschlüsse ziehen, die eine Einschätzung ermöglichen, ob der Makler der richtige Partner ist, der Sie zu dem gewünschten Objekt führen kann. Wenn der Makler merkt, dass Sie genaue Vorstellungen haben und davon nicht abrücken, wird ein schlecht verdrahteter Makler das Interesse verlieren, weil er erkennt, dass er Ihnen die gewünschte Immobilie nicht vermitteln kann und daher nur seine und Ihre Zeit vergeudet. Ein entsprechend gut verdrahteter Makler wird daraufhin nur gezielt Angebote heraussuchen, die Ihren Vorstellungen möglichst nahe kommen.

Daher ist es sehr wichtig, vor der Einschaltung eines Maklers zunächst selbst Klarheit zu gewinnen über das eigene Suchprofil. Das immunisiert Sie auch gegen unsachliche Einflüsterungen, die Sie vom Weg abbringen könnten und ermöglicht Ihnen, die notwendige Bestimmtheit an den Tag zu legen, um den Makler gezielt steuern zu können.

e) Immobilienmakler als Berater?

Makler versuchen mitunter den Eindruck zu erwecken, dass Sie den Kaufinteressenten beraten. Tatsächlich fehlt ihnen jedoch in der Regel die Expertise, um beispielsweise zu rechtlichen und steuerlichen Themen wirklich zu beraten. Erschwerend kommt hinzu, dass Makler häufig für beide Seiten tätig sind und daher gar nicht objektiv beraten können. Schließlich schreiben Makler nahezu flächendeckend in das „Kleingedruckte" des Maklervertrages oder in ihre Allgemeinen Geschäftsbedingungen rein, dass sie keine Haftung für die Richtigkeit von Informationen oder Ratschlägen übernehmen.

Bei Lichte betrachtet ist die Beraterrolle des Maklers daher nur heiße Luft. Das gilt sowohl für Makler in Deutschland als auch für solche in Spanien. Ich rate Ihnen daher, sich von vornherein klar zu machen, dass ein Makler Sie weder beraten noch objektiv und kompetent Ihre Interessen vertreten kann. Das können nur

Rechtsanwälte, Steuerberater und Bausachverständige. Solche Berater arbeiten natürlich nicht kostenlos. Aber Sie sind von Gesetzes wegen zu einer sachlich richtigen und belastbaren Beratung verpflichtet und müssen auch dafür gerade stehen, dass der Rat zutreffend ist.

Darüber hinaus sollten Sie stets sicherstellen, dass Sie genau verstehen, was in Dokumenten steht, die Sie unterschreiben. Letztendlich können Sie sich nur dadurch schützen, dass Sie so lange Fragen stellen bis Ihnen alles klar ist und Sie genau wissen, welche Vereinbarungen Sie unterschreiben. Das kostet Zeit und Mühe, ist aber der beste Schutz gegen teure und schmerzhafte Fehlgriffe, die Sie langfristig sehr belasten können (finanziell und psychologisch).

III. FINANZIERUNG DER FERIENIMMOBILIE IN SPANIEN

Wenn Sie den Erwerb der Ferienimmobilie vollständig mit Eigenkapital bewältigen können, dann können Sie sich glücklich schätzen. In vielen Fällen ist das jedoch nicht möglich. Daher möchte ich auch auf das Thema der Finanzierung durch Darlehen eingehen.

Die Finanzierung einer Ferienimmobilie im Ausland wirft viele Fragen auf. Insbesondere richtet sich eine dingliche Absicherung auf der Immobilie in Form einer Grundschuld oder Hypothek zwingend nach spanischem Recht. Das können Sie auch nicht durch vertragliche Vereinbarungen mit dem Verkäufer oder mit der Bank aushebeln. Folglich müssen Sie bzw. Ihre Bank sich zwingend mit spanischem Kreditsicherungsrecht und allen damit im Zusammenhang stehenden Fragen befassen. Eine Alternative besteht dann, wenn Sie Eigentümer einer entschuldeten Immobilie in Deutschland sind und diese als Sicherheit einbringen können. Dazu erfahren Sie im folgenden Abschnitt mehr.

1. Deutsche oder spanische Bank?

Bei der Finanzierung von Auslandsimmobilien tun sich deutsche Banken dann schwer, wenn sie keine erstrangige Grundschuld auf einer Immobilie in Deutschland als Sicherheit erhalten.[29] Wenn Sie kein entsprechendes Objekt haben oder Ihre deutsche Immobilie noch mit einem Darlehen belastet ist, wird es problematisch. Denn dann ist die deutsche Bank auf die ausländische Immobilie als Sicherheit angewiesen. Für die Grundschuld auf der Immobilie in Spanien ist zwingend spanisches Recht einschlägig. Das ist für eine deutsche Bank eine echte Herausforderung. Denn sie müsste im Ernstfall bei einem spanischen Gericht eine Zwangsvollstreckung in die Immobilie in die Wege leiten und sich auf die spanische Justiz verlassen.

Darüber hinaus ist es für eine deutsche Bank schwieriger, die Werthaltigkeit einer Immobilie in Spanien zu beurteilen. Sie wird daher im Normalfall nicht bereit sein, ein Darlehen mit einer Grundschuld nach spanischem Recht auf einer Immobilie in Spanien zu finanzieren. Wenn Sie dazu bereit ist, wird sie das nur zu Konditionen

---

[29] Für sämtliche Fragen rund um eine Darlehensfinanzierung in Deutschland empfehle ich Ihnen mein weiteres Buch „Immobilienfinanzierung für Eigennutzer – Ratgeber für Kauf, Bau & Kredit". Sie finden das Buch bei Amazon unter dem folgenden Kurzlink: http://amzn.to/2tCIoAc

tun, die erheblich schlechter sind als bei ganz normalen Immobiliendarlehen.

Wenn Sie keine Immobilie in Deutschland als Sicherheit anbieten können, wird Ihnen daher in der Regel nichts anderes übrig bleiben, als sich an spanische Banken vor Ort zu wenden. Ein weiteres Problem ist, dass spanische Banken häufig nur Darlehen mit variablen Zinsen anbieten. Das führt jedoch zu steigenden Belastungen, wenn die Darlehenszinsen am Markt steigen. Es ist kein Naturgesetz, dass die Zinsen langfristig niedrig bleiben müssen. Daher ist ein Verzicht auf eine Zinsfestschreibung ein nicht unerhebliches Risiko.

Ein weiterer Nachteil der Finanzierung über eine spanische Bank ist die Hypothekensteuer. Sie beträgt 1,2% der Hypothek. Da die Hypothek mit einem Betrag von 50% über der Darlehenssumme eingetragen wird, ergibt sich aus der Steuer eine Belastung in Höhe von 1,2% des 1,5-fachen Darlehensbetrages. Bei einem Darlehen in Höhe von € 250.000 ergibt sich daraus folgende Rechnung:

Darlehen	€ 250.000
Hypothek (= 1,5 x € 250.000)	€ 375.000
Hypothekensteuer (1,2%)	€ 4.500

Wie Sie sehen, stellt sich eine Finanzierung über eine spanische Bank nicht so unproblematisch dar. Insbesondere ist die Finanzierung mit erheblichen Mehrkosten verbunden, weil in Spanien die Bestellung einer Grundschuld auch noch mit Steuern belastet ist.

Insgesamt gibt es daher gute Gründe, nach Möglichkeit über eine deutsche Bank zu finanzieren mit einer Grundschuld auf einer Immobilie in Deutschland. Wenn Sie eine solche Möglichkeit haben, sollten Sie diese nutzen. Lassen Sie sich bitte nicht durch irrationale Überlegungen davon abhalten, die in die Richtung gehen könnten, dass Sie Ihr geliebtes Heim in Deutschland nicht aufs Spiel setzen wollen und daher lieber mehr Kosten und Gebühren in Kauf nehmen.

Denn auch in Spanien verlangen Banken eine persönliche Haftung der Darlehensnehmer für ein Immobiliendarlehen. Auf lange Sicht wird daher auch eine spanische Bank auf Ihre Immobilie in Deutschland zugreifen können, wenn eine Restschuld nach Verwertung der Ferienimmobilie in Spanien verbleibt. Es ist auf Ebene europäischen Rechtes in Form einer EU-Verordnung geregelt, dass auch ausländische Vollstreckungstitel innerhalb der EU vollstreckt werden können. Sie gewinnen daher durch einen Verzicht auf eine Belastung Ihrer Immobilie in Deutschland nicht wirklich etwas. Sie produzieren nur vermeidbare Kosten.

2. Eigenkapitalanteil & Darlehensbedarf

Sie müssen entscheiden, wie hoch der Eigenkapitalanteil gewählt wird und wie hoch der Darlehensanteil. Bevor Sie dazu eine Festlegung treffen können, müssen Sie zunächst Klarheit gewinnen, wie viel Geld Sie kurzfristig als Eigenkapital zur Verfügung haben. Das verfügbare Eigenkapital ergibt sich aus den kurzfristig verfügbaren Geldmitteln, die nicht für andere Ausgaben oder anstehende Investitionen benötigt werden. Dazu zählen Kontoguthaben, aber auch Wertpapiere (z.B. Aktien, Aktienfondsanteile), die Sie kurzfristig zu Geld zu machen können.

Es ist wichtig, dass Sie bei der Ermittlung nur freie Geldmittel heranziehen und das Eigenkapital im Zweifel lieber zu niedrig ansetzen. Denken Sie dabei auch an Dinge, die Sie lieber verdrängen wie z.B. die Kosten für eine Autoreparatur oder die Anschaffung eines neuen Autos. Wenn Sie die Höhe des Eigenkapitals zu positiv ermitteln, wird die Errechnung Ihres Darlehensbedarfes zu gering ausfallen. Das führt zur Notwendigkeit einer Nachtragsfinanzierung, die die Banken ungerne machen und sich in der Regel mit einer Verschlechterung der Konditionen vergüten lassen. Wenn Sie hingegen vorsichtig kalkulieren, sind Sie auf der sicheren Seite und bleiben auch bei einem höheren Finanzbedarf flexibel, weil sie Finanzierungslücken ganz entspannt mit Eigenkapital schließen können.

Der Darlehensbedarf ergibt sich aus der Differenz zwischen den Anschaffungskosten (inklusive Kaufnebenkosten) und dem Eigenkapital.

Wie bereits erwähnt, sind Banken bei der Finanzierung von Ferienimmobilien kritischer und verlangen einen höheren Eigenkapitalanteil. Sie sollten einkalkulieren, dass Sie etwa 50% der Anschaffungskosten in Form von Eigenkapital beisteuern müssen. Wenn Sie das nicht können, dann ist das ein Indiz dafür, dass die Wunschimmobilie insgesamt zu teuer ist und Ihren finanziellen Belastungsrahmen sprengt. Dann sollten Sie das Projekt einer Ferienimmobilie nicht gleich aufgeben, sondern ernsthaft darüber nachdenken, eine kleinere und bescheidenere Immobilie in Erwägung zu ziehen. Auf lange Sicht ist es auf jeden Fall besser, wenn Sie nicht bis an die Belastungsgrenzen gehen und noch hinreichend finanziellen Spielraum haben. Denn es geht bei der Ferienimmobilie ja auch um Lebensqualität. Wenn Sie jedoch nicht mehr ruhig schlafen können, weil Sie nicht wissen, wie Sie eine erforderliche Autoreparatur bezahlen sollen, dann haben Sie auf jeden Fall etwas falsch gemacht.

3. Annuitätendarlehen mit Festzinssatzbindung

Wenn Sie sich aus guten Gründen für eine Finanzierung über eine deutsche Bank entscheiden, dürften die folgenden Informationen für Sie von Interesse sein:

Das von den deutschen Banken am häufigsten vertriebene Kreditprodukt zur Immobilienfinanzierung stellt das **Annuitätendarlehen** mit Festzinssatzbindung dar. Diese Form der Finanzierung wird von allen Banken, Sparkassen und Direktbanken angeboten. Dabei handelt es sich um ein Darlehen, das mit einer Festzinssatzbindung und einer laufenden Tilgung versehen ist. Es wird mit gleich bleibend hohen Raten bedient. Diese enthalten sowohl die laufenden Zinsen auf den Darlehensbetrag als auch einen Tilgungsanteil zur Rückführung des Darlehens. In aller Regel wird das Annuitätendarlehen mit einer erstrangigen Grundschuld besichert.

Im Folgenden möchte ich Ihnen das Annuitätendarlehen näher vorstellen. Bei einem solchen Darlehen sind neben dem Darlehensbetrag vier Stellgrößen wichtig:

- **Nominalzinssatz in % pro Jahr**
- **Anfänglicher Tilgungssatz in % des Darlehensbetrages**
- **Zinsfestschreibungsdauer in Jahren**
- **Sondertilgungsrechte**

Wenn von den Konditionen eines Annuitätendarlehens die Rede ist, so sollten Sie Ihr Augenmerk auf diese vier Stellgrößen richten, da diese maßgeblich sind für die Kosten eines Darlehens. Aus diesen Eckdaten können alle anderen Kosten und Belastungen berechnet werden. Das gilt insbesondere für die Höhe der monatlichen Rate, die Gesamtzinslast und die Laufzeit des Darlehens bis zur Volltilgung.

a) Nominalzinssatz und Effektivzinssatz

Zunächst möchte ich auf den Darlehenszinssatz zu sprechen kommen, der ja die markanteste Stellgröße darstellt. Wenn Sie sich ein typisches Immobilienkreditangebot anschauen, werden Sie feststellen, dass dort mit einem Nominalzinssatz und einem Effektivzinssatz gearbeitet wird. Der **Nominalzinssatz** gibt den Zinssatz an, der auf den Darlehensbetrag für die jeweilige Zinsperiode berechnet wird. Der Nominalzinssatz ist die Größe, mit der Anbieter von Immobilienfinanzierungen ja auch in der Regel werben. Je niedriger der Nominalzinssatz für einen Bankkredit ist, desto günstiger ist eine Finanzierung grundsätzlich.

Die Höhe des Nominalzinssatzes hängt neben der aktuellen Lage an den Finanzmärkten auch von Ihrer persönlichen Bonität und von der Werthaltigkeit der Immobilie ab, die finanziert werden soll. Darüber hinaus spielt die Ausschöpfung des so genannten Beleihungswertes der Immobilie eine große Rolle für die Höhe des Nominalzinssatzes.

Der **anfängliche effektive Jahreszinssatz** hingegen beziffert den Zinssatz unter Einrechnung von Kosten und unter Berücksichtigung der Tilgungsstruktur. Er wird ebenfalls in Prozent pro Jahr ausgedrückt und ist naturgemäß höher als der Nominalzinssatz. Der effektive Jahreszinssatz ist in der Preisangabenverordnung (PAngV) beschrieben.

Darüber hinaus sollten Sie auf hinreichende Flexibilität in Form von Sondertilgungsrechten achten, um das Darlehen schneller zurückführen zu können, weil das die Gesamtzinslast und damit die Kosten des Darlehens sehr effektiv reduziert. Sie finden das weiter unten mit konkreten Rechenbeispielen belegt.

b) Anfänglicher Tilgungssatz und monatliche Belastung

Der Nominalzinssatz ist jedoch nicht die einzige Stellgröße für die Kosten eines Annuitätendarlehens. Ganz entscheidend für die Gesamtkosten einer Finanzierung ist auch die Höhe der anfänglichen Tilgung. Sie wird mit einem % - Satz der Darlehenssumme festgelegt. Dieser % - Satz wird deshalb als **anfänglicher** Tilgungssatz bezeichnet, weil er nicht konstant bleibt, sondern mit fortschreitender Rückzahlung des Darlehensbetrages infolge der gesunkenen Zinslast höher wird.

Die Höhe der monatlich gleich bleibenden Rate ergibt sich aus dem Nominalzinssatz und aus dem anfänglichen Tilgungssatz, der in dem Kreditvertrag vereinbart worden ist. Für die Berechnung kann folgende Formel verwendet werden:

$$\frac{\text{Kreditbetrag} \times (\text{Zinssatz} + \text{Tilgungssatz})}{12} = \text{Monatliche Rate}$$

Beispiel:

Kreditbetrag:	€ 150.000
Nominalzinssatz	2,5% p.a.
Anfängliche Tilgung	3% p.a.
=> monatliche Rate:	€ 687,50

Mit fortschreitender Tilgung des Darlehens steigt der Tilgungssatz im Laufe der Zeit erheblich an. So erklärt sich, dass ein Darlehen mit einer anfänglichen Tilgung von z.B. 1 % nicht erst nach 100 Jahren zurückgezahlt ist, sondern bereits nach 30 – 40 Jahren. Je höher der anfängliche Tilgungssatz gewählt wird, desto schneller ist das Darlehen zurückgezahlt und desto geringer fällt die Gesamtzinslast aus. Ich möchte Ihnen das durch ein einfaches Beispiel verdeutlichen, indem ich Ihnen die Ergebnisse einer Finanzierung mit einem Annuitätendarlehen mit 1% anfänglicher Tilgung (**Variante 1**) und 4 % anfänglicher Tilgung (**Variante 2**) auswerfe und tabellarisch gegenüberstelle. Die entscheidenden Werte finden Sie in den grau hinterlegten Feldern:

	Variante 1	Variante 2	Differenz
Kreditbetrag (€)	150.000	150.000	
Zinssatz nominal p. a.[30]	2,5 %	2,5 %	
anfängliche Tilgung p. a.	1,00 %	4,00 %	3,00 %
Monatliche Rate (€)	438	813	375
Laufzeit bis Volltilgung (Jahre)	40	19,5	20,5
Gesamtzinslast bis Volltilgung (€)	107.073	39.545	67.528
Restvaluta nach 10 Jahren (€)	132.979	81.914	51.065
Zinslast nach 10 Jahren (€)	35.479	29.414	6.065

Sie können an den Ergebnissen für die Laufzeit des Darlehens bis zur **Volltilgung** und an der Gesamtzinslast dieses Beispiels sehen, dass eine um 3 % höhere anfängliche Tilgung sich ganz erheblich auswirkt: Bei anfänglich 4 % Tilgung kann die Laufzeit gegenüber anfänglich 1 %

---

[30] Es wird vereinfachend unterstellt, dass der Darlehenszinssatz für die gesamte Laufzeit des Darlehens konstant 2,5% pro Jahr beträgt. Diese Annahme führt zu realistischen Ergebnissen, wenn über die Gesamtlaufzeit der Zinssatz um diesen Wert herum pendelt. Außerdem entspricht dieser Berechnungsmodus den Vorgaben der Preisangabenverordnung.

Tilgung um mehr als 20 Jahre verkürzt werden und die Gesamtzinslast verringert sich um beachtliche € 67.528.

Bei der Strukturierung Ihres Darlehens für den Immobilienkauf sollten Sie daher Ihr Augenmerk darauf richten, von Anfang an eine möglichst hohe Tilgung dar zu stellen. Auch in diesem Punkte können sich relativ überschaubare Differenzbeträge bei der monatlichen Belastung über die Gesamtlaufzeit zu extremen Effekten aufsummieren wie das obige Rechenbeispiel eindrucksvoll zeigt.

An dieser Stelle möchte ich mit einem allgemein verbreiteten Vorurteil aufräumen, dass bei Renditeimmobilien eine möglichst hohe Darlehenszinslast angestrebt werden sollte, weil die Darlehenszinsen als Werbungskosten von der Steuer abgesetzt werden können. Es ist zwar richtig, dass Darlehenszinsen bei vermieteten Immobilien von der Steuer abgesetzt werden können. Das heißt aber noch lange nicht, dass es vorteilhaft ist, möglichst hohe Belastungen mit Darlehenszinsen anzustreben. Denn über die Absetzung von der Steuer kann man nur Steuerersparnisse in Höhe von maximal dem Spitzensteuersatz erreichen. Es ist daher ein Verlustgeschäft, mehr Zinsen zu zahlen, weil man nur einen Bruchteil der Kosten über Steuerersparnisse wieder hereinholen kann. Es sollte daher selbstverständlich angestrebt werden, das Darlehen möglichst zügig zu tilgen und damit die Gesamtzinslast zu reduzieren.

Eine zügige Tilgung ist auch ein wichtiger Baustein für die Risikosteuerung. Denn das Risiko eines erhöhten Anschlusszinssatzes nach Auslaufen der ersten Festzinsperiode steigt, wenn die Tilgung mikroskopisch klein ist. Wenn Sie das Darlehen hingegen möglichst zügig tilgen, bezieht sich ein höherer Anschlusszinssatz auf eine geringere Restvaluta des Darlehens. Das begrenzt das Risiko einer Kostensteigerung der Darlehensfinanzierung, die bei einer ungünstigen Entwicklung die gesamte Kalkulation sogar in den negativen Bereich ziehen kann.

c) Länge der Zinsfestschreibung

Bei einem Immobiliendarlehen legt die Länge der Zinsfestschreibung fest, wie viele Jahre der bei Abschluss gültige Zinssatz für das Darlehen konstant bleibt. Da die Laufzeiten von Immobiliendarlehen auch Zeiträume von über 20 Jahren erreichen, wird der Zinssatz im Normalfall nicht von Anfang an für die ganze Zeit fixiert, sondern zunächst nur für die ersten 5, 10 oder 15 Jahre. In Ausnahmefällen kommen auch längere Zinsfestschreibungen vor. Nach Auslaufen der ersten Festzinsperiode wird dann ein neuer Festzinssatz für eine weitere Periode festgeschrieben oder das Darlehen wird zurückgezahlt. Bei sehr lang laufenden Finanzierungen können auch mehrere Festzinssatzanpassungen hintereinander erfolgen.

Bei Inanspruchnahme eines Darlehens werden von der Bank grundsätzlich die zur Zeit des Vertragsabschlusses aktuellen Marktzinsen für den Kredit zugrunde gelegt, wobei es eine gewisse Streubreite unter den Anbietern gibt. Die von den Banken angebotenen Zinssätze hängen von den Refinanzierungsmöglichkeiten an den Kapitalmärkten ab, die die „Einkaufspreise" der Banken für die Eindeckung mit Geld darstellen. Auf diese „Einkaufspreise" sattelt die Bank eine Marge und Risikokosten auf, woraus sich dann der Nominalzinssatz ergibt, der dem Bankkunden angeboten wird.

Der Kreditnehmer muss sich bei Abschluss eines Darlehens entscheiden, wie lang er die erste Zinsfestschreibung wählt. Eine längere Zinsfestschreibung ist dabei mit einem Zinsaufschlag verbunden. Grund dafür ist, dass die Bank die längere Bindung an einen Festzinssatz laufzeitkongruent an den Kapitalmärkten refinanzieren und dafür höhere „Einkaufspreise" zahlen muss.

Es gibt sowohl wirtschaftliche Argumente für eine möglichst lange Zinsfestschreibung als auch Argumente für eine möglichst kurze Zinsfestschreibung. Ausschlaggebend ist das aktuelle Marktzinsniveau bei Abschluss des Darlehens und die Erwartung der zukünftigen Zinsentwicklung an den Kapitalmärkten. In einer historischen Niedrigzinsphase spricht vieles dafür, dass die Zinsen mittelfristig bis langfristig wieder ansteigen werden, was ein Argument dafür wäre, die Zinsfestschreibung möglichst lang zu wählen, um sich das niedrige Zinsniveau lange zu sichern und sich gegen einen Anstieg der Darlehenszinsen zu wappnen. In einer historischen Hochzinsphase hingegen ist die Wahrscheinlichkeit größer, dass die Zinsen mittelfristig bis langfristig sinken werden. Das spricht eher dafür, kürzere Zinsbindungsfristen zu wählen, um sich nach Auslaufen der Zinsbindung möglichst zeitnah und ohne Vorfälligkeitsentschädigung auf ein niedrigeres Zinsniveau herunterschleusen zu können. Da die Entwicklung des Zinsniveaus an den Kapitalmärkten nicht sicher vorhergesagt werden kann, wird der Kreditnehmer nur später in der Rückschau wirklich sicher wissen, ob er es richtig gemacht hat.

Darüber hinaus spielt bei Ferienimmobilien der angepeilte Anlagezeitraum eine Rolle. Wenn Sie planen, die Immobilie nach 10 Jahren wieder zu verkaufen, dann wäre es natürlich nicht sinnvoll, eine Zinsfestschreibung für 15 oder 20 Jahre zu vereinbaren. Das ist schon deshalb nicht sinnvoll, weil das zu höheren Aufschlägen auf den Zinssatz führt.

Sie fragen sich als Leser an dieser Stelle vielleicht, warum man bei fallenden Zinsen nach Abschluss des Kreditvertrages nicht einfach vor Ablauf der Zinsbindungsfrist auf das gesunkene Marktzinsniveau wechseln kann. Die Antwort auf diese Frage fällt ebenso eindeutig wie unbefriedigend aus: Eine vorzeitige Rückzahlung des Darlehens vor Ablauf einer Festzinsperiode ist leider nur gegen eine **Vorfälligkeitsentschädigung** möglich.

Die Vorfälligkeitsentschädigung wird von der Bank in Rechnung gestellt als Kompensation für die Aufgabe der vertraglichen Festlegung auf das Zeitfenster der Zinsfestschreibung. Die Bank hat ihrerseits Dispositionen mit Vertragspartnern an den Kapitalmärkten getroffen, um sich das ausgeliehene Geld zu bestimmten Konditionen zu beschaffen. Die Auflösung dieser getroffenen Dispositionen ist für die Bank mit Kosten verbunden. Darüber hinaus führt die vorzeitige Auflösung der Festzinssatzbindung für die Bank zu einem entgangenen Gewinn, den sie ansonsten bis zum Ende der Zinsbindung eingefahren hätte. Diese beiden Positionen stellt die Bank dem Darlehensnehmer als so genannte Vorfälligkeitsentschädigung in Rechnung und macht die Bezahlung zur Bedingung für eine Auflösung der wechselseitigen vertraglichen Bindung an die Festzinsperiode. Die Vorfälligkeitsentschädigung kann erhebliche Summen erreichen, so dass Sie alles versuchen sollten, diese zu vermeiden.

Sollten Sie in eine Situation geraten, in der Sie um eine Vorfälligkeitsentschädigung nicht herumkommen, so dürfte es ratsam sein, fachliche Hilfe in Anspruch zu nehmen, um die Rechtmäßigkeit und die Höhe der Vorfälligkeitsentschädigung überprüfen zu lassen. Die praktische Erfahrung lehrt, dass es vorkommt, dass Berechnungen von Vorfälligkeitsentschädigungen durch Banken fehlerhaft und überhöht sind. Eine erste Orientierung kann ein Excel-Rechentool geben, das auf der Internetseite der Stiftung Warentest kostenlos zur Nutzung bereitgehalten wird.[31]

Aus diesen Überlegungen folgt die Erkenntnis, dass eine lange Zinsbindungsfrist auch Nachteile mit sich

---

[31] Weiterführende Informationen und das Rechentool finden Sie unter dem folgenden Kurzlink: https://goo.gl/n299CT

bringt, da Sie als Kreditnehmer bei einer vorzeitigen Rückzahlung eine Vorfälligkeitsentschädigung zahlen müssen und damit für einen längeren Zeitraum unflexibel bleiben, das Darlehen vorzeitig zurückzuzahlen oder eine Umschuldung durchzuführen. Das wird Sie besonders ärgern wenn Sie freie Mittel haben und diese nicht zur vorzeitigen Rückzahlung einsetzen dürfen. Des Weiteren ist zu berücksichtigen, dass Banken eine besonders lange Zinsfestschreibung in der Regel mit einem höheren Zinsaufschlag auf das Marktzinsniveau versehen, d.h. je länger die Zinsbindung, desto höher der Zinsaufschlag auf das aktuelle Marktniveau.

In diesem Zusammenhang möchte ich Sie auf eine Besonderheit hinweisen, die für Sie wichtig werden kann, wenn Sie Zinsfestschreibungen eingegangen sind, die länger als 10 Jahre dauern. Der Gesetzgeber räumt dem Darlehensnehmer nach 10 Jahren ein kostenfreies Sonderkündigungsrecht ein.[32] Dieses Sonderkündigungsrecht kann vertraglich nicht ausgeschlossen werden und besteht daher immer, egal was die Bank in das „*Kleingedruckte*" hineinschreibt.

Bei Ausübung dieses Sonderkündigungsrechtes müssen Sie auch dann **keine** Vorfälligkeitsentschädigung an die Bank zahlen, wenn die Zinsbindungsfrist noch nicht ausgelaufen ist. Wenn Sie also eine Zinsbindung von 15 oder 20 Jahren eingegangen sind und nach 10 Jahren fest-

---

[32] Das ist in § 489 BGB geregelt.

stellen, dass der vertragliche Festzinssatz deutlich höher liegt als der aktuelle Marktzins, haben Sie hiermit eine Möglichkeit, nach 10 Jahren kostenfrei die Reißleine zu ziehen und den Kreditvertrag entschädigungsfrei zu kündigen.

d) Vertragliche Sondertilgungsrechte

Ein weiterer wichtiger Punkt bei den Konditionen eines Annuitätendarlehens mit Festzinssatzbindung sind vertragliche **Sondertilgungsrechte**. Dabei handelt es sich um das Recht des Kreditnehmers, jährlich einen bestimmten Prozentsatz des anfänglichen Darlehensbetrages außerplanmäßig zurückzuzahlen, **ohne** eine Vorfälligkeitsentschädigung zahlen zu müssen.

Der Kreditvertrag beinhaltet ja die Überlassung der Kreditsumme auf Zeit und legt eine bestimmte zeitliche Staffelung der Rückzahlung des Geldes in monatlichen Raten fest. Ein vertragliches Sondertilgungsrecht greift in diesen starren „Fahrplan" ein, indem der Darlehensnehmer die Option erhält, davon abweichend Teile der Darlehenssumme vorzeitig an die Bank zurück zu zahlen, ohne eine Vorfälligkeitsentschädigung zahlen zu müssen. Der Kreditnehmer kann also jedes Jahr frei entscheiden, ob er den vertraglich vereinbarten Sondertilgungsbetrag außer der Reihe tilgt oder nicht.

Daher bieten sich Sondertilgungsrechte immer dann an, wenn Sie als Kreditnehmer vorher noch nicht wissen, ob Sie zukünftig hinreichend freie Mittel haben werden, um eine erhöhte Tilgung zu schultern und darüber erst später entscheiden können oder wollen. Das kann bei Ferienimmobilien besonders hilfreich sein, wenn Sie schwer abschätzen können, welcher Instandhaltungsaufwand in den nächsten 10 Jahren auf Sie zukommt. Darüber hinaus haben Sie die Unsicherheit, dass Sie die Auslastung der Ferienimmobilie bei einer Vermietung nur schwer prognostizieren können.

Der Vorteil einer Sondertilgung ergibt sich daraus, dass sich diese sofort zinsmindernd auswirkt, weil die Bemessungsgrundlage für die Zinsen sofort abnimmt. Darüber hinaus ändert sich zu Gunsten des Darlehensnehmers das Verhältnis von Zins- und Tilgungsanteil der monatlich gleich bleibenden Raten sofort, d.h. der Zinsanteil der monatlichen Rate sinkt und der Tilgungsanteil steigt an. Das kann die Laufzeit und die Gesamtzinslast ganz erheblich reduzieren.

Die nachfolgende Berechnung greift das oben vorgestellte Beispiel auf und nimmt statt einer erhöhten anfänglichen Tilgung eine jährliche Sondertilgung bei der Variante 2 an (siehe grau hinterlegte Felder):

	Variante 1	Variante 2	Differenz
Kreditbetrag (€)	150.000	150.000	
Zinssatz nominal p. a.[33]	2,5 %	2,5 %	
anfängliche Tilgung p. a.	1,00 %	1,00 %	
Sondertilgung in % des Kreditbetrages	0,00 %	5,00 %	5,00 %
Sondertilgung in € p. a.[34]	0	7.500	7.500
Monatliche Rate (€)	438	438	
Laufzeit bis Volltilgung (Jahre)	40	14,2	25,8
Gesamtzinslast bis Volltilgung (€)	107.073	29.238	77.835
Restvaluta nach 10 Jahren(€)	132.979	48.826	84.153
Zinslast nach 10 Jahren (€)	35.479	26.326	9.153

---

[33] Es wird vereinfachend unterstellt, dass der Darlehenszinssatz für die gesamte Laufzeit des Darlehens konstant 2,5% pro Jahr beträgt. Dieser Berechnungsmodus den Vorgaben der Preisangabenverordnung.

[34] Es wird bei der Berechnung unterstellt, dass die Sondertilgung im Dezember eines jeden Jahres erfolgt.

Wie Sie aus diesem Berechnungsbeispiel ersehen können, verkürzt sich durch eine jährliche Sondertilgung in Höhe von 5% des ursprünglichen Darlehensbetrages die Laufzeit des Darlehens um mehr als 25 Jahre und die Gesamtzinslast reduziert sich auf weniger als ein Drittel. Nach 10 Jahren ergeben sich Einspareffekte in Höhe von insgesamt € 18.306 aus einer geringeren Zinslast (= € 9.153) und einer günstigeren Tilgung (= € 9.153).

Selbst wenn Sie sich für eine erhöhte anfängliche Tilgung entscheiden, so können Sie durch die zusätzliche Einräumung von vertraglichen Sondertilgungsrechten die Gesamtzinslast und die Laufzeit des Darlehens nochmals erheblich reduzieren, wenn Sie später mehr Liquidität zur Verfügung haben als Sie geplant hatten. Sie sollten daher auf keinen Fall auf die Einräumung eines Sondertilgungsrechtes verzichten. Bei der Verhandlung von Sondertilgungsrechten rate ich Ihnen jedoch auch, diese in realistischer Höhe zu verhandeln, da die Banken sich besonders hohe Sondertilgungsrechte durch Aufschläge auf den Zinssatz vergüten lassen. Es wäre daher nicht sinnvoll, wenn Sie ein Sondertilgungsrecht in Höhe von jährlich 10% des Darlehensbetrages mit einer Verschlechterung des Nominalzinssatzes erkaufen, aber absehbar ist, dass Sie davon maximal 5% werden ausnutzen können. Eine vorausschauende und realistische Liquiditätsplanung ist hier Voraussetzung für die Verhandlung von optimal dimensionierten Sondertilgungsrechten.

Nach meiner Erfahrung ist die Vereinbarung eines jährlichen Sondertilgungsrechtes in Höhe von 5% ohne

Zinssatzverschlechterung mittlerweile Marktstandard. In diesem Punkte sollten Sie daher bei den Verhandlungen mit Banken keine Schwierigkeiten bekommen.

e) Variabler Zinssatz

Abschließend möchte ich noch auf den Sonderfall zu sprechen kommen, dass auf eine Zinsbindung ganz verzichtet und mit einem variablen Zinssatz operiert wird. Das bedeutet im Ergebnis, dass der bei Vertragsschluss vereinbarte Zinssatz nur eine Momentaufnahme darstellt und schnelle Änderungen vorprogrammiert sind.

Die Bank wird den Zinssatz erhöhen, sobald die Marktzinsen steigen und senken sobald die Marktzinsen sinken. Der Zinssatz für ein Darlehen mit variabler Verzinsung ist im Regelfall niedriger als der Zinssatz bei einer Zinsfestschreibung für einige Jahre, da die Bank nicht längerfristig disponieren muss, sondern Marktschwankungen sofort an den Kreditnehmer weitergeben kann.

Die Wahl eines variablen Zinssatzes bietet sich insbesondere in einer extremen Hochzinsphase an, wenn mit hoher Wahrscheinlichkeit kurzfristig bis mittelfristig eine Zinssenkung zu erwarten ist. Dann kann der Darlehensnehmer so lange mit einer Zinsfestschreibung warten, bis der Marktzins auf ein erträglicheres Niveau gefallen ist. Denn ein Darlehen mit variablem Zinssatz kann jederzeit ohne Vorfälligkeitsentschädigung zurückgezahlt werden, wobei allerdings eine Kündigungsfrist von 3 Monaten

137

einzuhalten ist. Sie sollten darauf achten, dass im Kreditvertrag mit variablem Zinssatz schon die Option des Kreditnehmers vorgesehen ist, diesen auf einen Vertrag mit Festzinssatz umzustellen.

Steigt der Marktzins entgegen der Erwartungen weiter, geht diese Rechnung natürlich nicht mehr auf, so dass auch hier ein Risiko verbleibt. Ein variabler Zinssatz hat den Nachteil für Sie als Darlehensnehmer, dass Sie keine Planungssicherheit haben und, dass sich die monatlichen Belastungen erhöhen, wenn der Zinssatz ansteigt. Daher ist ein variabler Zinssatz für einen Immobilienkredit überhaupt nur dann zu verantworten, wenn entweder die Kapitaldienstfähigkeit der finanzierten Immobilie sehr komfortabel ist oder wenn der Darlehensnehmer erheblichen finanziellen Spielraum hat, um Mehrbelastungen aufzufangen. Andernfalls droht eine Kündigung des Kredites und eine Zwangsversteigerung der Immobilie, wenn der Kreditnehmer die steigenden Belastungen nicht schultern kann und in Verzug gerät mit der Zahlung der Kreditraten.

f) Forward-Darlehen

Seit Mitte der neunziger Jahre wird darüber hinaus noch das **Forward-Darlehen** als Variante angeboten. Bei Lichte betrachtet handelt es sich dabei jedoch nicht um eine eigene Darlehensform, sondern lediglich um einen zeitlich vorverlagerten Abschluss eines Annuitätendarlehens mit Festzinssatzbindung. Die Zeitspanne zwischen dem Vertragsabschluss und dem gewählten Laufzeitbeginn des Forward-Darlehens wird als Forward-Periode bezeichnet. Sie kann mehrere Jahre betragen und wird mit einem Zinsaufschlag auf das aktuelle Marktzinsniveau erkauft. Eine solche Vereinbarung bietet sich dann an, wenn das Marktzinsniveau nach der Erwartung des Darlehensnehmers einen relativen Tiefpunkt erreicht hat und bis zum Ende der noch laufenden Festzinsperiode mit einem Ansteigen der Marktzinsen gerechnet wird. In dieser Situation kann es sinnvoll sein, mit dem Abschluss einer neuen Festzinssatzperiode nicht bis zum Ablauf der laufenden Festzinsperiode zu warten, sondern ein Forward-Darlehen abzuschließen. Die Forward-Periode ist in diesem Fall deckungsgleich mit der Restlaufzeit der laufenden Festzinsperiode.

Steigt das Marktzinsniveau erwartungsgemäß signifikant an, erlangt der Darlehensnehmer mit dem Forward-Darlehen dann einen Zinssatz unterhalb des bei Auslaufen der Festzinsperiode gültigen Marktniveaus.

Da man aber an das Forward-Darlehen gebunden und zu deren Abnahme verpflichtet ist, kann sich ein Forward-Darlehen in der Rückschau auch als schlechtes Geschäft herausstellen, wenn die Zinsen entgegen der Erwartung gefallen oder gleich geblieben sind. Darlehensnehmer bezahlen in diesem Fall mit dem Forward-Darlehen also höhere Zinsen als wenn das Darlehen erst nach Auslaufen der Festzinsbindung mit einem neuen Festzins versehen und die Fixierung nicht vorgezogen worden wäre. Nimmt der Darlehensnehmer das Darlehen dann nicht ab, so muss er an die Bank eine Nichtabnahmeentschädigung zahlen. Die Nichtabnahmeentschädigung wird identisch berechnet wie die Vorfälligkeitsentschädigung.

Sie sollten sicher daher gut überlegen, ob Sie wirklich ein Forward-Darlehen einsetzen. Denn es ist bei Lichte betrachtet eine Zinswette, die unter dem Strich auch zu Verlusten führen kann. Eine Prognose des zukünftigen Zinsniveaus ist und bleibt eine Prognose. Niemand kann wirklich sagen, was morgen ist. Böse Zungen sagen: Das typische an Prognosen ist, dass sie nicht eintreten.

Insofern kann es besser sein, gar nicht erst zu versuchen, durch einen Blick in die sprichwörtliche Kristallkugel die Zinsentwicklung vorherzusagen und einfach bis zum Ende der Festzinsbindung abzuwarten. Die derzeitige Lage an den Zins- und Finanzmärkten hat vor 5 Jahren auch niemand prognostiziert. So verrückt wie die tatsächlichen Entwicklungen gekommen sind, hätte sich kein vernünftiger Mensch vor 5 oder 10 Jahren zu denken getraut.

IV. Steuern in Spanien

Beim Kauf einer Ferienimmobilie in Spanien werden Sie auch mit steuerrechtlichen Themen konfrontiert. Dazu gehören die Grunderwerbsteuer, Steuern auf Veräußerungsgewinne und sogar Steuern auf die Eigennutzung. Beim Kauf einer Neubauimmobilie werden Sie darüber hinaus mit Mehrwertsteuern auf die Bauleistungen konfrontiert.

Sie werden feststellen, dass es in Spanien recht exotische Steuern gibt, die Sie sicherlich nicht erwartet haben. Dazu gehört z.B. die Besteuerung der Eigennutzung einer Ferienimmobilie. Der spanische Staat ist angesichts leerer Kassen und drückender Schulden erfinderisch geworden. Dabei ist es sicherlich kein Zufall, dass manch exotische Steuer so konstruiert ist, dass sie in erster Linie Ausländer trifft. Die Besteuerung der Eigennutzung ist genauso eine Steuer. Denn sie trifft nur nichtresidente Immobilieneigentümer und damit im Ergebnis nahezu ausschließlich Ausländer.

Sie hatten weiter oben bereits erfahren, dass in Spanien auch die Bestellung einer Grundschuld oder Hypothek zur Erlangung eines Darlehens bei einer spanischen Bank besteuert wird. Auch das hatten Sie sicherlich nicht erwartet. Nachfolgend werde ich Sie informieren, was insgesamt in Spanien an Steuern auf Sie zukommt.

1. Grunderwerbsteuer

Die Grunderwerbsteuer fällt in Spanien (anders als in Deutschland) nur beim Erwerb von gebrauchten Immobilien an. Die Grunderwerbsteuer trägt den Namen „Impuesto sobre transmisiones patrimoniales" (abgekürzt ITP). Die Höhe liegt zwischen 6 und 11% des Immobilienwertes. Die Höhe der Steuer wird von den Provinzen festgesetzt. Daher ist sie in jeder Provinz anders.

Teilweise ist die Höhe der Grunderwerbsteuer gestaffelt. Das ist z.B. auf den Balearen der Fall. Ab dem 01.01.2017 gelten z.B. für einen Immobilienkauf auf Mallorca die folgenden Staffelungen bei der Grunderwerbsteuer:

Immobilienwert bis € 400.000	8%
Immobilienwert bis € 600.000	9%
Immobilienwert bis € 1.000.000	10%
Immobilienwert über € 1.000.000	11%

Für den Kauf gebrauchter Immobilien auf den Kanaren gilt ein Grunderwerbsteuersatz in Höhe von 7%.

In der Vergangenheit ist es in Spanien bei Immobilienverkäufen nicht selten zu einer sogenannten Unterverbriefung gekommen. Dabei geben die Kaufvertragsparteien im notariellen Kaufvertrag („escritura de compraventa") einen niedrigeren Kaufpreis an als den tatsächlich gezahlten. Dadurch spart der Erwerber Grunderwerbssteuer und der Verkäufer hat einen Vorteil bei der Ermittlung der Höhe eines etwaigen Veräußerungsgewinns, der in Spanien (unabhängig von Spekulationsfristen) stets einkommensteuerpflichtig ist. Denn bei einem niedrigeren Verkaufspreis ergibt sich rechnerisch ein geringerer Veräußerungsgewinn für den Verkäufer.

Die Sache hat nur einige Haken für den Käufer: Er macht sich strafbar wegen Steuerhinterziehung. Denn er täuscht das spanische Finanzamt über den tatsächlich gezahlten Kaufpreis und hinterzieht damit Grunderwerbssteuer. Darüber hinaus läuft der Käufer Gefahr, bei einem späteren Verkauf der Immobilie rechnerisch einen höheren Veräußerungsgewinn ausweisen zu müssen wenn der spätere Erwerber sich einer nochmaligen Unterverbriefung verweigert. Dann kann ein steuerpflichtiger Veräußerungsgewinn aufgrund des nach unten frisierten Einkaufspreises in Kombination mit einem realen Verkaufspreis beträchtlich ausfallen. Unter dem Strich spart der Käufer dann keine Steuern, sondern es kommt sogar zu einer massiven Mehrbelastung. Erschwerend kommt hinzu, dass der Steuersatz für Veräußerungsgewinne in Spanien (seit 2016: 19%) deutlich höher ist als der Grunderwerbsteuersatz (6 bis 11%). Hinzu kommt das Risiko, wegen Steuerhinterziehung strafrechtlich belangt zu wer den. Ich würde Ihnen daher davon abraten, als Käufer bei einer Unterverbriefung mitzuwirken.

Wenn Sie bereits in Deutschland eine Immobilie gekauft haben, werden Sie die Erfahrung gemacht haben, dass Sie einige Zeit nach der notariellen Beurkundung ganz automatisch eine Rechnung des Finanzamtes über die Grunderwerbsteuer erhalten. In Spanien funktioniert das anders. Sie müssen sich selbst um die Veranlagung zur Grunderwerbsteuer kümmern und die Zahlung in die Wege leiten. Die Grunderwerbsteuer ist innerhalb von 30 Tagen nach Abschluss des notariellen Kaufvertrages zur Zahlung fällig. Die Vorlage der Quittung über die Zahlung der Grunderwerbsteuer ist Voraussetzung für Ihre Eintragung in das spanische Grundbuch („Registro de la Propiedad"). Sie haben daher ein erhebliches Eigeninteresse daran, die Steuer möglichst zügig zu bezahlen und die Quittung darüber zu erhalten. Wenn Sie (wie empfohlen) einen spanischen Rechtsanwalt mit der Begleitung Ihres Immobilienkaufes betrauen, sollten Sie sicherstellen, dass diese Leistung der Selbstveranlagung zur Grunderwerbsteuer in dem Gesamtpaket enthalten ist.

Für deutsche Erwerber erstaunlich ist, dass beim Kauf von Neubauimmobilien keine Grunderwerbsteuer anfällt sondern 10% Mehrwertsteuer („impuesto sobre el valor añadido" – abgekürzt IVA).

Die Umsatzsteuerpflicht statt einer Grunderwerbsteuerpflicht bei Neubauten ist allerdings keine schlechte Nachricht. Denn in Deutschland würde der Erwerber einer Neubauimmobilie vom Bauträger den vollen Mehrwertsteuersatz von 19% und obendrauf noch Grunderwerbsteuer (3,5% bis 6,5% je nach Bundesland) auf den Preis für die Bauleistungen zahlen.[35]

In Spanien zahlt der Erwerber hingegen nur den verminderten Mehrwertsteuersatz in Höhe von 10% bzw. 7% auf den Kanaren. Davon könnte sich der deutsche Gesetzgeber ruhig eine Scheibe abschneiden. Neuerdings gehen die Überlegungen der Bundesregierung offenbar in diese Richtung, bei der Grunderwerbsteuer für Entlastung zu sorgen. Es ist zu hoffen, dass wirklich etwas geschieht und die Überlegungen sich nicht als bloßes Wahlkampfgetöse entpuppen.

---

[35] Die Frage der doppelten Verkehrssteuern auf Bauträgerleistungen in Deutschland (Grunderwerbssteuer + Mehrwertsteuer) hat sogar dem Bundesverfassungsgericht zur Entscheidung vorgelegen. Dieses hat die doppelte Steuer jedoch als verfassungskonform gebilligt (BVerfG, Beschluss vom 20.05.2013 – 1 BvR 2766/12).

2. Veräußerungsgewinne

Veräußerungsgewinne sind in Spanien unabhängig von Spekulationsfristen immer steuerpflichtig. Der Gewinn errechnet sich aus der Differenz zwischen den Abschaffungskosten (zzgl. Erwerbsnebenkosten und gezahlter Steuern) und dem Verkaufspreis (abzüglich Nebenkosten). Wertsteigernde Instandsetzungsmaßnahmen während der Haltedauer können unter Umständen den Anschaffungskosten hinzugerechnet werden und damit die Höhe eines Veräußerungsgewinns reduzieren.

Der Veräußerungsgewinn ist pauschal mit einem Satz von 19% zu versteuern. Diese Steuer gilt sowohl für in Spanien residente Eigentümer als auch für Ferienimmobilieneigentümer mit ständigem Wohnsitz in Deutschland.

Auf den ersten Blick könnte man auf die Idee kommen, dass man als Käufer einer Immobilie eigentlich nichts zu tun hat mit der Steuer auf Veräußerungsgewinne, die der Verkäufer beim Verkauf realisiert. Wenn jedoch der Verkäufer nicht resident ist in Spanien (also dort keinen dauerhaften Wohnsitz hat), dann haftet der Käufer gegenüber dem spanischen Finanzamt pauschal in Höhe von 3% des Kaufpreises für eine Steuerpflichtigkeit von Veräußerungsgewinnen. Das muss man als Käufer wissen und daher in einem solchen Fall 3% des Kaufpreises als Sicherheit eibehalten und an das spanische Finanzamt abführen.

Der Verkäufer ist gehalten, in seiner Steuererklärung den Veräußerungsgewinn aus dem Verkauf anzugeben und entweder Steuern nachzuzahlen oder eine Erstattung zu erhalten. Es entspricht jedoch in Spanien gängiger Praxis, dass der Verkäufer die Sache auf sich beruhen lässt und keine entsprechende Steuererklärung abgibt wenn der Veräußerungsgewinn höher als 3% des Verkaufspreises ausgefallen ist. Auch das ist bedenklich und im Falle der Entdeckung droht Strafverfolgung wegen Steuerhinterziehung. Dieses Thema betrifft Sie als Käufer jedoch nicht. Denn mit dem Einbehalt und der Abführung von 3% des Kaufpreises an das spanische Finanzamt sind Sie aus der Sache raus.

Wenn Sie selbst später die Immobilie verkaufen, ist das Thema für Sie natürlich wieder von Interesse. Dabei ist zu berücksichtigen, dass ein Veräußerungsgewinn in Spanien stets steuerpflichtig ist. Es gibt keine Spekulationsfristen, nach deren Ablauf ein Veräußerungsgewinn steuerfrei vereinnahmt werden kann.

Zusätzlich zur Steuer in Spanien kann auch in Deutschland Einkommensteuer auf einen Veräußerungsgewinn anfallen. Eine in Spanien gezahlte Steuer auf Veräußerungsgewinne wird jedoch nach dem einschlägigen Doppelbesteuerungsabkommen auf die deutsche Steuerlast angerechnet. Unter bestimmten Umständen können Sie eine Steuer auf Veräußerungsgewinne in Deutschland komplett vermeiden: Eine solche fällt z.B. dann nicht an, wenn der Verkäufer im Jahr der Veräußerung und in den beiden vorhergehenden Jahren selbst in

147

der Immobilie gewohnt hat.[36] Wenn die Immobilie vermietet ist, dann ist ein Veräußerungsgewinn in Deutschland dann steuerfrei, wenn die Immobilie mindestens 10 Jahre lange gehalten worden ist.

Wie Sie sehen, muss immer die Einkommensteuer in beiden Ländern in den Blick genommen werden. Das zieht sich wie ein roter Faden durch das Einkommensteuerrecht. Die Veräußerungsgewinne sind ja auch eine Einkommensart, die der Einkommensteuer unterliegt. In Deutschland ist die Steuerpflichtigkeit von Veräußerungsgewinnen in § 23 Einkommensteuergesetz geregelt.

---

[36] Ich verweise dazu auf § 23 Abs. 1 Nr. 1 Einkommensteuergesetz (EStG).

3. Wertzuwachssteuer

Die Wertzuwachssteuer in Spanien ist eine kommunale Steuer, die zusätzlich neben der Steuer auf Veräußerungsgewinne erhoben wird. Es handelt sich um eine lokale Steuer, die von den Gemeinden erhoben wird. Spanier bezeichnen sie verkürzt mit dem Begriff „plusvalía municipal". Die Offizielle Bezeichnung lautet: „Impuesto sobre el Incremento del Valor de los Terrenos de Naturaleza Urbana" (abgekürzt IIVTNU).

Sie fällt nicht nur beim Verkauf an, sondern bei jedem Eigentümerwechsel, also auch im Falle einer Erbschaft oder Schenkung. Problematisch ist, dass diese Steuer nicht an einen tatsächlich erzielten Veräußerungsgewinn anknüpft, sondern an Katasterwerte zu unterschiedlichen Stichtagen (Tag des Erwerbs und Tag der Übertragung). Da die Katasterwerte jedoch ein Eigenleben führen und nicht deckungsgleich sind mit dem Marktwert eines Grundstückes, können sich rechnerisch steuerpflichtige Wertzuwächse ergeben, die real nicht existieren. Vor diesem Hintergrund hat das spanische Verfassungsgericht die lange schon umstrittene Besteuerungsmethodik gekippt mit Urteil vom 11.05.2017 und angeordnet, dass jedenfalls dann keine Wertzuwachssteuer erhoben werden darf, wenn sich unter Zugrundelegung der tatsächlichen Marktwerte und der Einkaufs- und Verkaufspreise kein Wertzuwachs ergibt.

Wie die Praxis mit dieser Entscheidung umgehen wird, bleibt abzuwarten. Wenn der Verkäufer im Kaufvertrag verankern will, dass der Käufer die Wertzuwachssteuer tragen soll, dann können Sie dem als Käufer entgegenhalten, dass der Verkäufer den Einkaufspreis offenlegen möge damit ermittelt werden kann, ob rechnerisch überhaupt ein steuerpflichtiger Wertzuwachs des Grundstückes gegeben sein kann. Dabei können Sie sich auf das Urteil des spanischen Verfassungsgerichtes vom 11.05.2017 berufen. Da ein Verkäufer den Einkaufspreis nur ungern offenlegt, dürften Sie gute Chancen haben, die Übernahme dieser Steuer (mag sie nun anfallen oder nicht) abzuwehren. Insofern dürfte die Entscheidung des spanischen Verfassungsgerichtes auch für Käufer eine gute Nachricht sein.

Leider gibt es noch eine schlechte Nachricht: Wenn der Verkäufer keinen Wohnsitz in Spanien hat (dort also ein Nichtresidenter ist), haftet der Käufer gegenüber der spanischen Behörde für die Zahlung der Steuern. Weisen Sie Ihren Rechtsanwalt darauf hin, dass für dieses Risiko eine Lösung gefunden wird. Dankbar ist z.B., dass ein Teil des Kaufpreises zurückgehalten wird, um die Steuer direkt an die zuständige Behörde zu zahlen.

4. Besteuerung der Eigennutzung

In Spanien gibt es wunderliche Dinge. Dazu gehört z.B. die Belegung der Eigennutzung einer Ferienimmobilie mit Einkommensteuern („impuesto sobre la rente de las personas físicas") durch den spanischen Staat.

Wenn Sie Ihre Ferienimmobilie in Spanien nur gelegentlich im Urlaub nutzen und nicht als Hauptwohnsitz, sind Sie nach spanischem Recht ein nichtresidenter Immobilieneigentümer. Als solcher sind Sie verpflichtet, Einkommensteuer (zusätzlich zur Grundsteuer!) auf die Eigennutzung zu zahlen. Dafür müssen Sie einmal jährlich (spätestens am 31.12. des Folgejahres) eine Steuererklärung (Formular 210) abgeben. Wenn Sie das nicht selbst erledigen können oder wollen, können Sie damit eine Serviceagentur oder einen spanischen Steuerberater beauftragen. Dafür werden jährlich ca. € 100 – 150 (zzgl. Mehrwertsteuer) fällig.

Grundlage der Steuer ist der Katasterwert der Immobilie. Davon werden 1,1% als steuerliche Bemessungsgrundlage genommen und dieser Wert wird mit einer Steuer von pauschal 19% (= gültiger Steuersatz seit dem Jahr 2016) belegt. Instandhaltungskosten und Betriebskosten können bei der zu versteuernden Eigennutzung nicht von der Steuer abgesetzt werden.

5. Grundsteuern

Die Grundsteuer („impuesto sobre bienes inmuebles" – abgekürzt IBI) wird in Spanien jährlich zur Zahlung fällig. Sie wird aufgrund des Katasterwertes berechnet. Der Katasterwert wird von einer staatlichen Stelle zentral ermittelt und laufend aktualisiert und angepasst. Gleichwohl ist er nicht deckungsgleich mit dem Verkehrswert der Immobilie. In der Regel ist der Katasterwert deutlich niedriger als der Marktwert der Immobilie. Die Gemeinde kann auf Wohnimmobilien einen Grundsteuersatz von 0,4 % bis 1,1 % des Katasterwertes pro Jahr erheben.

Für die Grundsteuer ist (genau wie in Deutschland) keine jährliche Steuererklärung abzugeben. Sie wird vielmehr von Amts wegen von der Gemeinde auf der Grundlage des Katasterwertes festgesetzt und in Rechnung gestellt. Für die Bezahlung ist eine Einzugsermächtigung für ein Bankkonto zu empfehlen. Bankeinzugsermächtigungen gibt es auch in Spanien. So ist sichergestellt, dass die Steuer immer pünktlich gezahlt wird und keine Fristen versäumt werden.

Wichtig beim Immobilienkauf in Spanien ist, dass im Kaufvertrag vereinbart wird, welche Partei die Grundsteuer im Erwerbsjahr zu tragen hat. Die Grundsteuer entsteht zwar am 1. Januar eines Jahres. Sie wird jedoch erst im Folgejahr zur Zahlung fällig. Das kann dazu führen, dass der Käufer die Grundsteuern zahlt, die eigentlich auf Zeiträume entfällt, in denen der Verkäufer noch Eigentümer war. Das sollten Sie vermeiden durch eindeutige Abgrenzung der Zahlungspflichten im Kaufvertrag.

Darüber hinaus sollten Sie sich vergewissern und vom Verkäufer im Kaufvertrag bestätigen lassen, dass keine Rückstände bei der Grundsteuer aufgelaufen sind. Denn die Immobilie selbst haftet auch für Rückstände, so dass Sie als Käufer letztendlich zähneknirschend Rückstände des Verkäufers zahlen müssen, um einen Zugriff der spanischen Steuerbehörde auf die erworbene Immobilie zu vermeiden. Wenn der Verkäufer ein nichtresidenter Ausländer ist, dann wird die spanische Steuerbehörde sich lieber an Sie halten. Denn das ist mit weniger Aufwand verbunden, als einem nichtresidenten Ausländer hinterherzulaufen. Der sicherste Weg ist, sich vom Verkäufer Belege darüber geben zu lassen, dass er in den letzten Jahren stets die Grundsteuern gezahlt hat. Das sollte möglich sein, indem die entsprechenden Grundsteuerbescheide mit Zahlungsbelegen abgeglichen werden.

6. Vermögenssteuern

In Spanien gibt es sie noch: Die Vermögenssteuer. Sie wurde zunächst zeitlich befristet wieder eingeführt und immer wieder um ein weiteres Jahr verlängert. Sie gilt auch für das laufende Jahr 2017. Die Vermögenssteuer gilt auch für Nichtresidente Eigentümer von Immobilien in Spanien, bezieht sich aber nicht auf das gesamte, sondern nur auf das in Spanien befindliche Vermögen. Sie wird von den Provinzen geregelt und nicht vom spanischen Zentralstaat.

Die gute Nachricht ist, dass in den meisten Provinzen großzügige Freibeträge gelten, so dass die Vermögenssteuer nur in Ausnahmefällen anfällt. Es gelten die folgenden Freibeträge (Stand 2017):

Balearen	€ 800.000
Kanarische Inseln	€ 700.000
Katalonien	€ 500.000
Valencia	€ 600.000
Andalusien	€ 700.000
Aragon	€ 500.000
Extremadura	€ 700.000

Bemessungsgrundlage der Steuer ist der höchste der drei folgenden Werte: (i) der Katasterwert, (ii) die Anschaffungskosten oder (iii) ein von der Finanzbehörde festgestellter Verkehrswert. Von dem Wert dürfen aktuell noch valutierende Darlehen zur Finanzierung der Immobilie abgezogen werden. Auf den verbleibenden Betrag kommt dann noch der einschlägige Freibetrag als Abzug hinzu.

Auf den dann noch verbleibenden Betrag kommt ein progressiver Steuersatz von 0,2 bis 2,5% zur Anwendung. Da die Steuer personenbezogen ist, dürften für den Fall, dass Eheleute oder Lebenspartner zusammen eine Ferienimmobilie erwerben, aufgrund der Verdopplung der Freibeträge in aller Regel keine Vermögenssteuern anfallen. Bei einer Immobilie auf Mallorca würde das beispielsweise bedeuten, dass der Erwerb einer Immobilie durch ein Paar bis zu einem Wert von € 1,6 Millionen (= 2 x € 800.000) bereits von dem Freibetrag gedeckt und ohne Weiteres vermögenssteuerfrei wäre.

V. Vermietung der Ferienimmobilie

Ein wichtiges Thema ist die Vermietung der Ferienimmobilie. Wenn Sie diese nur gelegentlich im Urlaub nutzen, dann ist es naheliegend, über eine Vermietung nachzudenken. Wenn Sie auf die Eigennutzung nicht ganz verzichten wollen, kommt nur eine kurzfristige Vermietung an Touristen in Frage. Diese muss organisiert werden und es gibt rechtliche und steuerrechtliche Anforderungen.

Denkbar ist auch eine langfristige Vermietung zur Erzielung einer Rendite wie bei einer „normalen" Wohnimmobilie. Auch bei dieser Variante stellen sich rechtliche Fragen (insbesondere Wohnraummietrecht in Spanien) und steuerrechtliche Fragen. Allerdings eignen sich typische Ferienimmobilien in Ferienorten in der Regel nicht für die langfristige Vermietung als Wohnung.

Diese Aspekte werde ich in den nachfolgenden Ausführungen beleuchten.

1. Kurzfristige Vermietung an Touristen

In diesem Zusammenhang erinnere ich noch einmal daran, dass Sie bei einer Eigentumswohnung oder bei einem Ferienhaus in einer Urbanisation vorab prüfen müssen, ob die kurzfristige Vermietung an Touristen nach der Satzung der Eigentümergemeinschaft überhaupt zulässig ist. Ich verweise zur Vermeidung von Wiederholungen insoweit auf die Ausführungen weiter oben unter C. II. 6.

a) Kriterien für Ferienimmobilie als Kapitalanlage

Die kurzfristige Vermietung an Touristen kann Einnahmen generieren und die Kosten senken. Wenn Ihre Immobilie gut gelegen ist in einem beliebten Ferienort, dann werden Sie durchaus beachtliche Übernachtungsreise verlangen können und eine hohe Auslastungsquote erzielen. Selbstverständlich sind attraktive Immobilien aber teurer in der Anschaffung. Die Rentabilität einer Ferienimmobilie ergibt sich nicht allein aus dem erzielbaren Übernachtungspreis und der Auslastungsquote. Tatsächlich ist das Verhältnis der Anschaffungskosten zu den erzielbaren Nettomieteinnahmen (Einnahmen nach Abzug von Kosten) entscheidend.

Wenn Sie die Immobilie ausschließlich als Kapitalanlage zur Vermietung anschaffen, müssen Sie im Vorfeld Überlegungen zur Vermietbarkeit und zum erzielbaren Übernachtungspreis und zur erzielbaren Auslastung anstellen. Dabei sollten Sie sich auf keinen Fall auf vage Angaben und Mutmaßungen des Immobilienmaklers verlassen. Stellen Sie unbedingt eigene Recherchen an. Das ist im Zeitalter des Internets und zahlreicher Portale für die Vermietung von Ferienimmobilien auch kein unlösbares Problem mehr. Sie können z.B. aus Buchungsportalen im Internet (z.B. Trivago oder FeWo)[37] Preise ableiten, die für vergleichbare Ferienwohnungen (vergleichbar im Hinblick auf Lage und Ausstattung) verlangt werden. Aus dem Übernachtungspreis allein können Sie noch keine „Jahresmiete" ableiten. Sie müssen darüber hinaus möglichst realistische Annahmen treffen für die erzielbare Auslastung, d.h. wie viele Übernachtungen Sie pro Jahr abrechnen können. Diese Informationen sind im Vorfeld deutlich schwieriger zu beschaffen. Denn Sie können Sie nicht direkt aus Buchungsportalen ableiten. Dort können Sie allenfalls aus eingestellten Online-Kalendern mit ausgebuchten Zeitfenstern für vergleichbare Ferienimmobilien Rückschlüsse ziehen. Es ist durchaus zeitaufwendig, diese Fragen im Vorfeld zu recherchieren. Aber diese Arbeit ist unvermeidbar. Ohne belastbare Prognosen erzielbarer Einnahmen können Sie keine halbwegs überzeugende Aussage über den angemessenen Kaufpreis machen, zu dem Sie die Immobilie einkaufen sollten. Das ist nicht nur für Sie selbst ein Problem, sondern auch für die

---

[37] Ich verweise dazu auf die folgenden Internetseiten: https://www.trivago.de/ und https://www.fewo-direkt.de/

Bank, die Ihnen ein Darlehen zur Finanzierung geben soll.

Sie müssen auch berücksichtigen, dass bei einer Vermietung an Feriengäste mit einem erhöhten Verschleiß der Immobilie und des Inventars zu rechnen ist. Das verursacht erhöhten Instandhaltungsbedarf und erhöhte Instandhaltungskosten.

b) Organisation der Vermietung

Viele Erwerber von Ferienimmobilien unterschätzen den zeitlichen Aufwand für die Vermietung. Sie müssen nicht nur für die Vermietung selbst, sondern auch für Werbung zur Akquisition von Gästen sowie für die Buchhaltung und für die Steuererklärung erheblichen Zeitaufwand einkalkulieren. Ohne eine Vertrauensperson vor Ort ist eine Vermietung an Touristen von Deutschland aus nicht zu bewerkstelligen. Solche Vertrauenspersonen vor Ort sind nicht so einfach zu finden. Außerdem verlangen diese natürlich Geld für ihre Dienste. Das bedeutet unter dem Strich, dass von den erwirtschafteten Mieteinnahmen viel weniger übrig bleibt als bei einer ganz normalen Vermietung einer Wohnung mit einem unbefristeten Mietvertrag. Darüber müssen Sie sich im Klaren sein.

Sie können sich bei der Vermietung auch auf professionelle Agenturen vor Ort stützen. Diese sind jedoch nicht gerade billig. Außerdem können Sie deren Tätigkeit nur sehr begrenzt kontrollieren von Deutschland aus. Es kann passieren, dass diese vor Ort schwarz vermieten und Ihnen die Mieteinnahmen vorenthalten ohne, dass Sie je etwas davon erfahren.

c) Behördliche Registrierung

Die spanische Bürokratie ist nicht weniger ausgeprägt als die deutsche. Das merken Sie, wenn Sie Ihre Ferienimmobilie kurzfristig vermieten wollen. Das dürfen Sie nicht einfach so beginnen. Sie müssen sich dafür zuvor bei den spanischen Behörden registrieren lassen. Das müssen Sie völlig unabhängig davon tun, dass die Vermietung in der Satzung der Eigentümergemeinschaft zulässig ist. Denn die behördliche Registrierung hat damit nichts zu tun. Das ist eine zusätzliche Anforderung, die erfüllt werden muss.

Für die Registrierung müssen zudem Mindeststandards bei der Ausstattung erfüllt sein. Insbesondere auf den spanischen Inseln müssen Sie mit einer strikten Handhabung der Registrierungspflicht rechnen. Da die Vorschrift sich laufend ändern und lokal sehr unterschiedlich sind, sind verbindliche Aussagen mit einer längeren Halbwertszeit leider nicht möglich.

2. Spanisches & deutsches Finanzamt

Wenn Sie eine Ferienimmobilie in Spanien erwerben und vermieten, dann können die Erträge sowohl im Belegenheitsstaat Spanien als auch in Deutschland als Ihrem Wohnsitzstaat Deutschland besteuert werden. Das gilt gleichermaßen für die laufenden Erträge aus der Vermietung wie für einen etwaigen Veräußerungsgewinn beim Verkauf. Sie müssen daher Ihre Einkünfte aus der Vermietung sowohl beim ausländischen Finanzamt als auch beim deutschen Finanzamt in einer Steuererklärung deklarieren. Das ist für steuerrechtlich unbedarfte Leser zunächst einmal eine überraschende Information.

Spanien hat ein Besteuerungsrecht über die Belegenheit der Immobilie auf seinem Hoheitsgebiet (= Quellensteuer) und Deutschland über Ihren Wohnsitz in Deutschland. Nach den Regeln des internationalen Steuerrechtes sind Sie nämlich mit Ihrem gesamten Welteinkommen in dem Staat unbeschränkt steuerpflichtig, in dem Sie Ihren Wohnsitz haben. So ergibt sich ein Besteuerungsrecht für zwei Staaten. Darüber hinaus ist zu bedenken, dass Deutschland mit Spanien ein Amtshilfeabkommen geschlossen hat wonach das deutsche Finanzamt die spanischen Behörden um Amtshilfe bei der Aufklärung des Sachverhaltes ersuchen kann.

Wenn Sie Einkünfte aus der Vermietung der Ferienimmobilie in Spanien erzielen, müssen Sie sogar unterjährig (quartalsweise) Steuererklärungen beim spanischen

Finanzamt einreichen. Es reicht nicht aus, einmal im Jahr eine Steuererklärung zu machen. Beim deutschen Finanzamt reicht es aus, die Einkünfte in Ihrer jährlichen Steuererklärung (Anlage V) zu deklarieren. Wie Sie sehen, haben Sie es in solchen Fällen sogar mit zwei Finanzämtern zu tun und Sie haben zwei Staaten als Gegenspieler im Kampf um eine faire und gerechte Besteuerung.

Die gute Nachricht ist, dass Sie aber nicht wirklich doppelt Steuern bezahlen müssen auf die Erträge. Denn Staaten schließen zur Vermeidung einer doppelten Besteuerung sogenannte Doppelbesteuerungsabkommen.

Nach dem Deutsch-Spanischen Doppelbesteuerungsabkommen werden die in Spanien auf die Erträge aus der Vermietung gezahlten Quellensteuern auf die Steuerlast in Deutschland angerechnet. So wird vermieden, dass Sie doppelt zahlen müssen. Es führt aber im Ergebnis dazu, dass die Steuerlast für Ihre Mieteinkünfte in Spanien auf Ihren persönlichen Einkommensteuersatz in Deutschland hochgeschleust wird. Das bedeutet auch, dass es am Ende des Tages im Ergebnis auf die strengeren Anforderungen des Finanzamtes in Deutschland für die Anerkennung von Werbungskosten (Instandhaltungskosten, Betriebskosten, Absetzung für Abnutzung, Darlehenszinsen) ankommt.

Wenn Sie in Deutschland ein hohes laufendes Einkommen haben und z.B. einen Einkommensteuersatz von 35 – 40% zahlen, dann wirkt sich dieser auch auf Ihre Mieteinkünfte in Spanien aus. Auf diese zahlen Sie nämlich in Deutschland den persönlichen Steuersatz. Daher stellt sich für Sie in einer solchen Konstellation ganz besonders die Frage, ob sich eine Vermietung der Ferienimmobilie überhaupt lohnt.

In manchen Doppelbesteuerungsabkommen ist statt der Anrechnung der Quellensteuern die vollständige Freistellung der Mieteinkünfte im Wohnsitzstaat des Eigentümers geregelt. Die einzige Einschränkung ist bei solchen Fällen ein Progressionsvorbehalt, d.h. die Regelung, dass die Einkünfte aus der Ferienimmobilie zwar in Deutschland von der Steuer freigestellt sind, aber für die Ermittlung Ihres Steuersatzes trotzdem dem zu versteuernden Einkommen hinzugerechnet werden. Eine solche Regelung ist z.B. im Doppelbesteuerungsabkommen zwischen Deutschland und den USA enthalten.

3. Stolperfalle „Einkunftserzielungsabsicht"

Ein besonders heikles Thema bei Ferienimmobilien ist die Frage, ob die Eigennutzung im Urlaub steuerschädlich ist.[38] Das betrifft sowohl Ferienwohnungen in Deutschland als auch solche in Spanien. Dabei geht es um die Frage, ob die Ferienimmobilie aus rein privaten Gründen oder zur Erzielung von Überschüssen durch Vermietung angeschafft wurde. Mit anderen Worten: Für das Finanzamt in Deutschland stellt sich die Frage, ob Einkunftserzielungsabsicht gegeben ist oder nicht. Eine fehlende Einkunfserzielungsabsicht führt dazu, dass Werbungskosten (Instandhaltungskosten, Darlehenszinsen, Betriebskosten und Absetzung für Abnutzung) **nicht** von der Steuer abgesetzt werden können. Für eine Kapitalanlage ist das natürlich eine sehr schlechte Nachricht.

Dabei kommt es auch auf den Inhalt des Doppelbesteuerungsabkommens zwischen Deutschland und Spanien an. Weil dieses das Anrechnungsverfahren vorsieht und kein Freistellungsverfahren, entsteht eine echte Entlastung nur durch die Anerkennung von Werbungskosten

---

[38] Bundesfinanzhof, Urteil v. 16.04.2013 (Az IX R 26/11) – abgedruckt in DStR 2013, S. 1534 ff. sowie Schreiben des Bundesfinanzministeriums vom 20.11.2003 (Az IV C 3 – S 2253 – 98/03 II) – abrufbar im Internet unter folgendem Kurzlink: http://goo.gl/a1lE8o

durch das deutsche Wohnsitzfinanzamt. Denn die in Spanien gezahlte Einkommensteuer darf nach dem Anrechnungsverfahren von der deutschen Einkommensteuer abgezogen werden. Durch die Anerkennung von Werbungskosten in Spanien würde letztlich nur ein geringerer Abzugsposten bei der deutschen Steuerlast nach dem Anrechnungsverfahren des Doppelbesteuerungsabkommens entstehen, aber keine definitive Absenkung der Steuerlast. Es wäre daher ein Pyrrhussieg, dem spanischen Finanzamt die Anerkennung der Werbungskosten abzutrotzen, wenn das deutsche Finanzamt die Anerkennung verweigert. Daher kommt es wirtschaftlich im Ergebnis nur darauf an, ob das deutsche Wohnsitzfinanzamt die Werbungskosten bei der Vermietung in Spanien anerkennt.[39]

Folglich ist die Frage zu stellen, wie das deutsche Finanzamt die Einkunfterzielungsabsicht bei der Anschaffung der Ferienimmobilie in Spanien einschätzt. Das deutsche Finanzamt würde dazu folgende Überlegungen anstellen: Bei gemischter Nutzung (Vermietung an Feriengäste und Eigennutzung) gilt zunächst, dass Zeiträume

---

[39] Anders ist die Rechtslage einzuschätzen, wenn nach dem Doppelbesteuerungsabkommen die Mieteinkünfte in Deutschland von der Steuer freigestellt sind. Das ist z.B. im Doppelbesteuerungsabkommen zwischen Deutschland und den USA der Fall. Dann kommt es unter dem Strich nur darauf an, dass Werbungskosten vom ausländischen Finanzamt anerkannt werden und die Quellensteuer mindern.

der Eigennutzung auf jeden Fall zu einer entsprechenden Kürzung der Werbungskosten führen. Das allein wäre noch zu verkraften. Bedenklicher und gefährlicher ist ein weiterer Aspekt. Das deutsche Finanzamt verlangt bei einer gemischten Nutzung eine Prognose, nach der langfristig ein Totalüberschuss der Erträge aus der Vermietung über die Werbungskosten zu erwarten ist. Die vorbehaltene Eigennutzung kann somit die Absicht zur Erzielung von Einkünften gefährden und damit zum vollständigen Wegfall der Anerkennung von Werbungskosten führen.

Wenn Sie sich z.B. in einem Vertrag mit einer Vermietungsgesellschaft für die Bewirtschaftung Ihrer Ferienimmobilie vorbehalten haben, die Immobilie vier Wochen pro Jahr selbst nutzen zu können, dann zieht das die Notwendigkeit nach sich, der Finanzverwaltung in Deutschland die Einkunfterzielungsabsicht durch eine langfristige Prognose des Verhältnisses von Einnahmen und Werbungskosten nachzuweisen.[40] Das gilt unabhängig davon, ob der Vorbehalt der Eigennutzung in einem Mustervertrag enthalten ist oder ob er individuell ausgehandelt und in den Vertrag hineingeschrieben wird. Unbeachtlich ist auch, ob Sie die Immobilie in dem vorbehaltenen Zeitraum tatsächlich nutzen oder nicht.

---

[40] Bundesfinanzhof, Urteil v. 16.04.2013 (Az IX R 26/11) – abgedruckt in DStR 2013, S. 1534 ff. und Urteil v. 21.11.2000 (Az IX R 37/98) – abgedruckt in DStR 2001, S. 306 ff.

Die Prognose hat sich auf einen Betrachtungszeitraum von 30 Jahren zu erstrecken und muss insgesamt einen Totalüberschuss der Einnahmen über die Werbungskosten ergeben. Die Höhe des Überschusses ist dabei nicht relevant. Auch ein kleiner Überschuss ist ausreichend. Die Prognose muss auf belastbare Annahmen und Tatsachen gestützt werden wie z.B. erzielbare oder tatsächlich erzielte Übernachtungspreise und Auslastungsquoten pro Jahr. Sie hat grundsätzlich mit dem Jahr der Anschaffung zu beginnen und ist für insgesamt 30 Jahre aufzustellen. Dabei ist es auch zulässig, z.B. die Zahlen aus den vergangenen 5 Jahren hochzurechnen auf insgesamt 30 Jahre.

Ohne eine Eigennutzung besteht für das Finanzamt keine Veranlassung, die Einkunftserzielungsabsicht anzuzweifeln. Sie wird zu Ihren Gunsten ohne weiteres unterstellt.[41]

Ein weiterer Vorteil des Verzichts auf die Eigennutzung ist, dass dann problemlos Leerstandszeiten anerkannt werden, die bei einer gemischten Nutzung (Eigennutzung und Vermietung an Feriengäste) dem Eigennutzungsanteil zugeschlagen werden können und damit zur

---

[41] Bundesfinanzhof, Urteil v. 16.04.2013 (Az IX R 26/11) – abgedruckt in DStR 2013, S. 1534 ff. und Urteil v. 24.08.2006 (Az IX R 15/06) - abgedruckt in DStR 2007, S. 606 ff. sowie Schreiben des Bundesfinanzministeriums vom 20.11.2003 (Az IV C 3 – S 2253 – 98/03 II) – abrufbar im Internet unter folgendem Kurzlink: http://goo.gl/a1lE80

einer zeitanteiligen Kürzung der Werbungskosten führen.[42]

Wenn Sie all diese Aspekte berücksichtigen, dann werden Sie gute Gründe haben, auf die Eigennutzung entweder vollständig zu verzichten oder stattdessen die Vermietung ganz bleiben lassen. Denn der Verwaltungsaufwand ist enorm. Der Aufwand für eine gelegentliche Vermietung ist nicht viel geringer als für eine professionelle Vermietung über längere Zeiträume. Denn Steuererklärungen müssen Sie leider auch für gelegentliche Mieteinnahmen machen. Es spricht daher einiges dafür, sich von Anfang an zu einem klaren Standpunkt durchzuringen: Entweder wird die Ferienimmobilie als Kapitalanlage angeschafft und dann ausschließlich und professionell vermietet oder sie ist eine rein private Angelegenheit und verursacht dann natürlich (wie jedes andere Freizeitvergnügen auch) ausschließlich Kosten und keine Einnahmen. Die meisten Eigentümer von Ferienimmobilien ringen sich auf kurz oder lang zu einem dieser beiden Standpunkte durch. Dann kann man es auch von Anfang an tun und sich keinen Illusionen hingeben und dafür auch keine Enttäuschungen erleiden.

---

[42] Bundesfinanzhof, Urteil v. 21.11.2000 (Az IX R 37/98) – abgedruckt in DStR 2001, S. 306 ff.

4. Stolperfalle „Unterschreitung ortsüblicher Auslastungsquote"

Aber auch beim Verzicht auf die Eigennutzung der Ferienimmobilie droht Ungemach wenn die Auslastungsquote jährlich mehr als 25% unterhalb der ortsüblichen Quote von Ferienwohnungen liegt. In einem solchen Fall ist ebenfalls eine Prognose zu erstellen, ob in einem Zeitraum von 30 Jahren ein Totalüberschuss der Mieteinnahmen über die Werbungskosten zu erwarten ist.[43]

Erkundigen Sie sich daher, wie viele Vermietungstage im Jahr vor Ort für Ferienimmobilien üblich sind und achten Sie darauf, dass Sie gegenüber dem Finanzamt dokumentieren können, dass diese Zahl nicht um die kritische Größe von 25% unterschritten wird. Sie sind gegenüber dem Finanzamt nachweispflichtig für diesen Umstand und können sich daher nicht zurücklehnen und schauen, ob das Finanzamt Ihre Behauptung widerlegen kann, dass die tatsächlich erzielte Auslastung ortsüblich ist bzw. die ortsübliche Quote nicht um mehr als 25% unterschreitet.[44]

---

[43] Bundesfinanzhof, Urteil v. 26.10.2004 (Az IX R 26/02) und Urteil v. 19.08.2008 (Az IX R 39/07).

[44] Dazu verweise ich auf Bundesfinanzhof, Urteil v. 19.08.2008 (Az IX R 39/07).

Verlassen Sie sich auf keinen Fall auf vage Behauptungen und Versprechungen von Immobilienmaklern in Verkaufsgesprächen. Diese sind leider häufig nicht sorgfältig recherchiert und daher ungeeignet, das Finanzamt zu überzeugen.

5. Stolperfalle „Gewerblichkeit"

Eine weitere Stolperfalle bei der Vermietung von Ferienimmobilien besteht in der Überschreitung der Grenze zur Gewerblichkeit. Dieses Risiko besteht immer dann, wenn nicht nur die Immobilie vermietet wird, sondern darüber hinausgehende Serviceleistungen zum Bestandteil eines Gesamtpaketes gemacht werden, die üblicherweise nicht mit einer Vermietung verbunden sind. Das ist etwa der Fall, wenn die Immobilie zusammen mit Verpflegung auf hotelartiger Basis angeboten wird und auch ohne vorherige Buchung bzw. Reservierung jederzeit zur Vermietung bereitgehalten wird.[45]

Das kann auch bei Bungalows oder Apartments in Ferienanalagen der Fall sein, die von einer professionell organisierten Firma verwaltet und vermietet werden. Häufig betreiben solche Firmen auch die Rezeption und ein angeschlossenes Restaurant mit Verpflegungsbausteinen und organisieren mitunter noch Unterhaltungsprogramm und Events für Gäste. Bei solchen Fallgestaltungen besteht eine erhebliche Gefahr, dass die Vermietung vom Finanzamt als gewerblich eingestuft wird und nicht mehr als private Vermögensverwaltung. Das wiederum kann zur Gewerbesteuerpflichtigkeit führen und schließlich die

---

[45] Ich verweise dazu auf Bundesfinanzhof, Urteil v. 14.01.2004 (Az X R 7/02).

Steuerfreiheit von etwaigen Veräußerungsgewinnen nach deutschem Recht gefährden.

Wie Sie sehen, gibt es viel zu beachten bei der Vermietung von Ferienimmobilien. Ich möchte Ihnen die Ferienimmobilie in Spanien mit diesen Erklärungen nicht schlechtreden oder ausreden. Ich möchte bei Ihnen vielmehr Problembewusstsein und Grundlagenwissen schaffen, damit Sie keine bösen Überraschungen erleben und den Kauf einer Ferienimmobilie später nicht bereuen.

Insbesondere muss Ihnen klar sein, dass die Vermietung nicht nebenher mit wenig Zeitaufwand erledigt werden kann. Sie sollten auch einkalkulieren, dass die Rendite nicht atemraubend sein wird. Insbesondere wenn Sie den Zeitaufwand berücksichtigen, um die Immobilie zu vermieten und die steuerlichen Pflichten zu erfüllen, werden Sie in der Regel zu der Erkenntnis gelangen, dass eine privat organisierte Vermietung sich in den meisten Fällen nicht lohnt. Diese Erkenntnis schützt Sie vor falschen Erwartungen und darauf basierenden Fehlentscheidungen. Wenn Sie z.B. davon ausgehen, dass Sie das Darlehen aus Mieteinkünften bedienen können, dann wird das in der Regel nicht funktionieren.

VI. Aufenthaltsrecht für EU-Bürger

Innerhalb der Europäischen Union besteht für Unionsbürger Reisefreiheit und Freizügigkeit. Das bedeutet, dass Sie Ihre Ferienimmobilie in Spanien jederzeit ohne Visum und irgendwelche Formalitäten aufsuchen können.

Wenn Sie sich jedoch dauerhaft in Spanien niederlassen wollen (z.B. als Rentner), dann benötigen Sie eine Aufenthaltsgenehmigung. Diese erhalten Sie im europäischen Ausland als EU-Bürger in aller Regel problemlos. In Spanien ist dafür erforderlich, dass Sie hinreichendes Einkommen und eine Krankenversicherung nachweisen. So will der spanische Staat sicherstellen, dass Sie dort nicht sozialhilfebedürftig werden und Kosten verursachen.

Wenn Sie sich in Spanien dauerhaft niederlassen, hat das natürlich auch Folgen für Ihre Steuerpflicht. Sie werden dann in Spanien unbeschränkt steuerpflichtig und müssen dann dort ihr gesamtes Welteinkommen (u.a. auch eine in Deutschland erdiente Altersrente oder Einkünfte aus Vermietung und Verpachtung aus Immobilien in Deutschland) versteuern. Die Folgen müssen Sie im Einzelfall analysieren und für sich entscheiden, ob diese tragbar sind.

Wenn Sie eine Ferienimmobilie außerhalb der Europäischen Union (z.B. in den USA) kaufen, dann müssen Sie sich zuvor genau informieren, wie die Visa-Anforderungen sind. Für kurzfristige Aufenthalte bis zu 90 Tagen wird es z.B. auch in den USA in aller Regel kein Problem geben. Wenn Sie jedoch 6 Monate oder länger pro Jahr in Ihrer Ferienimmobilie in den USA leben wollen, dann sind deutlich höhere Anforderungen zu erfüllen.

INDEX

DER AUTOR

Alexander Goldwein ist gelernter Jurist und hat einen internationalen Bildungshintergrund. Er hat in drei Staaten in drei Sprachen studiert. Er ist mit Kapitalanlagen in Immobilien self-made Millionär geworden.

Als Autor und Berater hat er zahlreiche Menschen zu wirtschaftlichem Erfolg geführt. Goldwein verfügt über eine große Bandbreite praktischer Erfahrung aus seiner Tätigkeit als Jurist in der Rechtsabteilung einer Bank sowie als kaufmännischer Projektleiter in der Immobilienbranche. In seiner praktischen Laufbahn hat er Immobilieninvestments in den USA und in Deutschland aus wirtschaftlicher und rechtlicher Sicht begleitet und verantwortet. Durch seine Bücher hat Goldwein sich bei privaten Kapitalanlegern einen legendären Ruf erarbeitet, weil er mit seinen ganzheitlichen Erklärungsansätzen den idealen Nährboden für gelungene Investitionen in Wohnimmobilien erzeugt. Mit eigenen Investitionen in Immobilien hat er ein beachtliches Vermögen aufgebaut und wirtschaftliche Unabhängigkeit erlangt.

Goldwein verfolgt konsequent den Ansatz, komplexe Themen einfach zu erklären, so dass auch Anfänger ohne Vorkenntnisse mühelos folgen können. Er erreicht so alle, die gerne in Immobilien investieren würden, aber bisher noch keinen Zugang zu dem notwendigen Fachwissen erhalten haben. Leider werden Grundkenntnisse des Investierens und des klugen Umgangs mit Geld in unserem Bildungssystem sträflich vernachlässigt. So erklärt sich, dass viele Menschen sich damit schwer tun und ihre Chancen nicht richtig nutzen.

GELD VERDIENEN MIT WOHNIMMOBILIEN

ISBN 978-0993950643
(Taschenbuch)
ISBN 978-0994853332
(Gebundene Ausgabe)
Auf Amazon.de:
http://amzn.to/22FkyNs

Erfolg als privater Immobilieninvestor

In diesem Buch erklärt der gelernte Jurist und Banker Alexander Goldwein verständlich und mit konkret durchgerechneten Beispielen, wie Sie mit Wohnimmobilien ein Vermögen aufbauen und finanzielle Freiheit erlangen können

In diesem Buch erfahren Sie ganz konkret:

- Strategien zur sicheren & rentablen Kapitalanlage in Wohnimmobilien
- Aufspüren lukrativer Renditeimmobilien auch in angespannten Märkten
- Grundlagen der Immobilienbewertung und Kaufpreisfindung
- Checklisten zur professionellen Prüfung & Verhandlungsstrategien für den Ankauf
- Strategien für die optimale Finanzierung und Hebelung der Eigenkapitalrendite
- Berechnung von Cash-Flow & Rendite mit dem als Bonus erhältlichen Excel-Rechentool
- Steueroptimierte Bewirtschaftung & Realisierung von Veräußerungsgewinnen
- Praxisrelevante Grundlagen des Immobilienrechtes (inklusive der Besonderheiten bei vermieteten Eigentumswohnungen)
- Praxisrelevante Grundlagen des Mietrechtes (inklusive der Regelungen zu Mieterhöhungen)

STEUERLEITFADEN FÜR IMMOBILIENINVESTOREN

ISBN: 978-0994853363
(Taschenbuch)
ISBN: 978-0994853387
(Gebundene Ausgabe)
Auf Amazon.de:
http://amzn.to/2ecvfF2

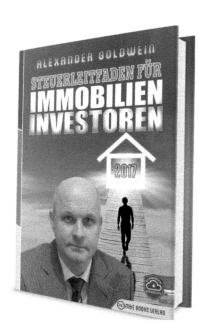

Der ultimative Steuerratgeber für Privatinvestitionen in Wohnimmobilien

Sichern Sie sich maximale Steuervorteile durch überlegenes Wissen! Der Autor erklärt Ihnen Schritt für Schritt praxiserprobte Steuerstrategien für vermietete Wohnimmobilien. Kompakt, verständlich und gründlich.

- Maximaler Ansatz von Werbungskosten
- Realisierung steuerfreier Veräußerungsgewinne
- Steuervorteile bei Denkmalschutzimmobilien
- Ferienimmobilien im In- und Ausland als Renditeobjekt
- Erbschafts- und Schenkungssteuer (steueroptimierte Übertragung auf Ehepartner & Kinder)
- Bonusmaterial: Excel-Tool für Kalkulation von Rendite, Finanzierungskosten und Cash-Flow

Das Markenzeichen von Alexander Goldwein ist, komplexe Themen einfach zu erklären. So haben auch Leser ohne Vorkenntnisse die Chance, die Zusammenhänge zu verstehen und dieses Wissen für sich zu nutzen. Das Buch enthält zahlreiche Beispiele aus der Praxis und aktuelle Hinweise auf die Rechtsprechung und auf Schreiben des Bundesfinanzministeriums. Es ist sowohl für Anfänger als auch für Fortgeschrittene geeignet.

VERMIETUNG & MIETERHÖHUNG

ISBN: 978-0994853318
(Taschenbuch)
ISBN: 978-0994853394
(Gebundene Ausgabe)
Auf Amazon.de:
http://amzn.to/22FlloI

Mit anwaltsgeprüftem Mustermietvertrag

Dieser Ratgeber hilft mit umfassenden Informationen und praktischen Tipps, die Vermietung professionell anzupacken. Er führt verständlich in die praxisrelevanten Grundlagen des Mietrechtes ein und leitet daraus strategische Empfehlungen ab.

- Anwaltsgeprüfter Mustermietvertrag und zahlreiche Mustertexte für die praktische Umsetzung
- Strategien für die richtige Mieterauswahl
- Muster für professionelle Nebenkostenabrechnung
- Mieterhöhungen durchsetzen & Mietminderungen abwehren
- Entschärfung von Konfliktherden mit Mietern

Dieses Buch ist die 2. überarbeitete und aktualisierte Auflage 2017.

Was Leser über das Buch meinen:

Leicht verständlich und übersichtlich

"Dieser Vermietungsratgeber ist leicht verständlich geschrieben und sehr gut gegliedert. Es packt alle Themen an. Hilfreich ist auch das Mietvertragsmuster. Rundum empfehlenswert."

IMMOBILIEN STEUEROPTIMIERT VERSCHENKEN & VERERBEN

ISBN: 978-0994853370

(Taschenbuch)

ISBN: 978-0994853349

(Gebundene Ausgabe)

Auf Amazon.de:

http://amzn.to/2cAaoPs

Erbfolge durch Testament regeln & Steuern sparen mit Freibeträgen & Schenkungen von Häusern & Eigentumswohnungen

Bei der Übertragung von Immobilien auf die kommende Generation muss vieles bedacht werden. Dieser Ratgeber zeigt Ihnen praxisorientiert und einfach verständlich, wie Sie Fehler vermeiden und die Gestaltungsspielräume optimal ausnutzen. Dabei geht es nicht nur um die Einsparung von Erbschafts- und Schenkungssteuern, sondern auch um eine optimale Gestaltung der Erbfolge zur Realisierung der folgenden Zielsetzungen:

- Optimale Gestaltung des Testamentes zur Übertragung von Immobilienvermögen
- Optimale und mehrfache Ausnutzung von Steuerfreibeträgen durch Schenkungen
- Absicherung des Schenkers und Senkung des steuerpflichtigen Übertragungswertes durch Nießbrauch, Wohnrecht und Leibrente

DIE GESETZE VON ERFOLG & GLÜCK

ISBN: 978-3947201013
(Taschenbuch)
ISBN: 978-3947201136
(Gebundene Ausgabe)
Auf Amazon.de:
http://amzn.to/2pPSAAm

Ihr Weg zu finanzieller Freiheit & Zufriedenheit

Es ist die Frage der Fragen: Wie wird man als Mensch erfolgreich und glücklich?

Der self-made Millionär und Bestsellerautor Goldwein gibt Antworten und verrät in diesem Buch die Geheimnisse seines phänomenalen Erfolges. Innerhalb weniger Jahre ist der gelernte Jurist mit Kapitalanlagen in Immobilien Millionär geworden und darüber hinaus zu einem der erfolgreichsten Sachbuchautoren in Deutschland aufgestiegen. Er hat mit seinen Ratgeberbüchern viele Leser begeistert und zu wirtschaftlichem Erfolg geführt.

Aus dem Inhalt:

- Selbsterkenntnis als Schlüssel zum Erfolg
- Wege in die finanzielle Freiheit
- Chancen erkennen & nutzen
- Steigerung der Effizienz mit einfachen Mitteln
- Steigerung der Lebensqualität & Zufriedenheit
- Mehr Erfolg bei weniger Stress
- Unabhängigkeit & Freiheit erlangen

IMMOBILIENFINANZIERUNG FÜR EIGENNUTZER

ISBN: 978-3947201099

(Taschenbuch)

ISBN: 978-3947201105

(Gebundene Ausgabe)

Auf Amazon.de:

http://amzn.to/2tCIoAc

Ratgeber für Kauf, Bau & Kredit

Kauf und Finanzierung eines Eigenheims stellen langfristige und weitreichende Weichenstellungen dar. In diesem Ratgeber werden Sie zielgenau mit dem praxisrelevanten Wissen versorgt und in den Stand versetzt, Ihre Entscheidung auf einer soliden Informationsgrundlage aufzubauen.

Aus dem Inhalt:

* Strategien für eine intelligente Finanzierung mit Darlehen & Eigenkapital
* Staatliche Förderung des Eigenheimerwerbs (z.B. Wohn-Riester)
* Kauf einer gebrauchten Immobilie
* Kauf einer Neubauimmobilie vom Bauträger
* Kauf in der Zwangsversteigerung
* Kauf eines Grundstückes & Bau in Eigenregie
* Besonderheiten beim Kauf einer Eigentumswohnung

Sie erhalten umfangreiche Informationen und Checklisten für die Prüfung einer Immobilie auf Herz und Nieren. Als Bonus ist ein Excel-Rechentool für Immobiliendarlehen verfügbar. Mit diesem Ratgeber werden Sie in der Lage sein, den Kauf und die Finanzierung gut zu organisieren und teure Fehlgriffe zu vermeiden.

FERIENIMMOBILIEN IN DEUTSCHLAND & IM AUSLAND

ISBN: 978-3947201150

(Taschenbuch)

ISBN: 978-3947201167 (

Gebundene Ausgabe)

Auf Amazon.de:

http://amzn.to/2i2pwHi

Erwerben, Selbstnutzen & Vermieten

Viele Menschen träumen von einer eigenen Ferienimmobilie in Deutschland oder im Ausland. Dieser Ratgeber zeigt Ihnen, worauf es beim Erwerb und bei der Finanzierung ankommt und wie Sie Fehler vermeiden.

Sie erfahren ganz konkret:

- Kriterien für die Auswahl der Ferienimmobilie
- Kriterien für die Auswahl des Standortes
- Ermittlung des angemessenen Kaufpreises
- Rechtssicherer Erwerb im Inland und im Ausland
- Eliminierung typischer Fehlerquellen
- Eigennutzung und Vermietung der Ferienimmobilie
- Ferienimmobilie als Kapitalanlage
- Steuerrechtliche Fragen bei Erwerb und Vermietung
- VISA-Anforderungen bei Auslandsimmobilien

Der Bestsellerautor Goldwein ist gelernter Jurist und hat in drei Staaten in drei Sprachen studiert. Er beschäftigt sich seit fast 20 Jahren professionell mit Immobilien und ist selbst Eigentümer von Ferienimmobilien in Deutschland, Spanien und Florida. Mehrere seiner Bücher sind Bestseller Nr. 1 bei Amazon und haben zahlreiche Leser begeistert und zum Erfolg geführt.

FERIENIMMOBILIEN IN DEN USA

ISBN: 978-3947201235
(Taschenbuch)
ISBN: 978-3947201242
(Gebundene Ausgabe)
Auf Amazon.de:
http://amzn.to/2h3um77

Erwerben, Selbstnutzen & Vermieten

Viele Menschen träumen von einer eigenen Ferienimmobilie in den USA. Dieser Ratgeber zeigt Ihnen, worauf es beim Erwerb und bei der Finanzierung ankommt und wie Sie Fehler vermeiden.

Sie erfahren ganz konkret:

- Kriterien für die Auswahl der Ferienimmobilie
- Kriterien für die Auswahl des Standortes
- Ermittlung des angemessenen Kaufpreises
- Rechtssicherer Erwerb in den USA
- Eliminierung typischer Fehlerquellen
- Eigennutzung und Vermietung
- Ferienimmobilie als Kapitalanlage
- Steuerrechtliche Fragen bei Erwerb und Vermietung
- VISA-Anforderungen in den USA

Der Bestsellerautor Goldwein ist gelernter Jurist und hat in drei Staaten in drei Sprachen studiert. Er beschäftigt sich seit fast 20 Jahren professionell mit Immobilien und ist selbst Eigentümer von Ferienimmobilien in den USA, Deutschland und Spanien. Mehrere seiner Bücher sind Bestseller Nr. 1 bei Amazon und haben zahlreiche Leser begeistert und zum Erfolg geführt.

BONUSMATERIAL

Liebe Leserin,

Lieber Leser,

Neben meiner Tätigkeit als Buchautor publiziere ich immer wieder Fachartikel zu ausgewählten und aktuellen Themen rund um die Immobilie. Eine Zusammenstellung sämtlicher Artikel habe ich zu einem Wissenspaket geschnürt. Es gibt Ihnen einen Überblick und beleuchtet schlaglichtartig praxisrelevante Problemherde und Lösungsansätze rund um die Immobilie.

Das als Bonusmaterial zu diesem Buch erhältliche Wissenspaket erhalten Sie unkompliziert über einen Downloadlink auf Anforderung per eMail:

FIS@alexander-goldwein.de

An dieser Stelle möchte ich mich bei allen treuen Lesern herzlich bedanken für viele interessante Rückmeldungen und Gespräche.

Lightning Source UK Ltd.
Milton Keynes UK
UKHW02n1324170718
325846UK00003B/18/P

9 783947 201228